CORRESPONDANCE INTIME

DU GÉNÉRAL

JEAN HARDŸ

PARIS. IMP. PLON-NOURRIT ET Cⁱᵉ, 8, RUE GARANCIÈRE. — 1330.

Dessiné par Kolbe. Gravé par Coqueret.

JEAN HARDŸ

(1762–1802)

CORRESPONDANCE INTIME

DU GÉNÉRAL

JEAN HARDŸ

DE 1797 A 1802

RECUEILLIE PAR SON PETIT-FILS

Le Général HARDŸ DE PÉRINI

Avec un portrait

PARIS

LIBRAIRIE PLON

PLON-NOURRIT et Cⁱᵉ, IMPRIMEURS-ÉDITEURS

RUE GARANCIÈRE, 8

1901

Tous droits réservés

AVANT-PROPOS

Parmi les préjugés qui s'attachent à l'Histoire, il n'y en a pas de plus répandu que cet axiome :

La Révolution française a improvisé ses soldats et ses généraux.

C'est la légende ; cela plaît ainsi à notre orgueil national. Pour repousser l'Europe coalisée, pour conquérir la frontière du Rhin, il a suffi d'un grand élan patriotique ; Carnot a organisé la victoire, et les baïonnettes des volontaires ont fait reculer l'invasion !

Quant à l'armée monarchique, à ses vieux régiments, aux officiers qui ont rivalisé de science et d'habileté avec les tacticiens de la maison d'Autriche, personne n'en avait parlé avant Camille Rousset.

A part quelques grandes figures que l'on connaît mal, la Tradition n'a conservé le souvenir des généraux républicains que s'ils ont partagé la gloire de Napoléon. Pour être illustre, il faut avoir été un de ses maréchaux ; la grande renommée populaire a absorbé toutes les autres !

Les vaillants que la mort a pris trop tôt, les compagnons de Hoche, de Marceau, de Kléber, de Moreau, aux armées du Nord, de Sambre-et-Meuse, de Rhin-et-Moselle et du Danube, restent, pour la plupart, des inconnus.

Leurs noms sont inscrits sur l'Arc de Triomphe de l'Étoile, mais qui s'inquiète aujourd'hui de ce *livre de pierre* de la glorieuse Épopée, qui a sauvé la France de 1792 de l'invasion et du démembrement !

Quand le hasard met ces « dédaignés » en lumière, quand on découvre aux Archives le témoignage indiscutable des services qu'ils ont rendus à la patrie, on constate que les grandes victoires ne sont dues qu'aux grands talents, aux travaux sérieux et incessants, à l'énergie patiente, à l'expérience consommée des généraux des armées victorieuses.

Connaissez-vous Jean Hardÿ, l'un des plus remarquables, mort à quarante ans, à Saint-Domingue?

Voici ses états de service.

Il est né à Mouzon, dans les Ardennes, le 19 mai 1762.

La Révolution l'a trouvé fourrier à Royal-Monsieur, attendant son brevet de sous-lieutenant.

Il fut des premiers à s'enrôler devant l'autel de la Patrie et il conduisit à l'armée du Nord les volontaires d'Épernay. C'est à leur tête qu'il gagna, sur la butte de Valmy, ses épaulettes de chef de bataillon (20 septembre 1792).

Commandant du 7ᵉ bataillon de la Marne à Wattignies (17 octobre 1793), il fut chargé, en novembre, de défendre Philippeville contre les Autrichiens, et réussit, par de vigoureuses sorties, à ravitailler cette place, qu'il conserva à la France.

Le Comité de Salut public, sur la proposition

de Carnot, le nomma général de brigade, commandant l'avant-garde de l'armée des Ardennes (27 janvier 1794).

Hardÿ força, le 26 avril 1794, les gorges fameuses de Bossus-lez-Walcourt où, cent ans plus tôt, Louis XIV avait subi un grave échec.

Il donna l'assaut à Thuin le 10 mai, à Fontaine-Lévêque le 25, et, dans les nombreux combats livrés sur la Sambre, il se fit remarquer par son intrépidité et sa science tactique.

Le 3 juin, devant Charleroi, il soutint, à Monceau, avec deux bataillons d'infanterie légère, le passage de l'armée sur la rive droite de la Sambre, pendant que Sénarmont et six pontonniers débarquaient, sous le feu croisé de l'artillerie autrichienne, jusqu'au dernier bateau de l'équipage de pont.

Quand l'armée des Ardennes se fondit, à Fleurus, le 26 juin 1794, dans celle de Sambre-et-Meuse, Hardÿ commandait l'avant-garde de la division Marceau. Il prit part à la conquête de la Belgique, à la prise de Maëstricht, au blocus de Mayence.

A Klein-Winternheim, devant Mayence, il repoussa, par un changement de front habilement exécuté sous le feu, une grande sortie de la garnison et il fut, encore une fois, cité à l'ordre du jour (29 juillet 1796).

Pendant la retraite de Jourdan, après Wurtzbourg (septembre 1796), Hardy gardait la rive gauche du Rhin avec douze mille hommes. C'est lui qui apprit à Moreau, général de l'armée de Rhin-et-Moselle, que Marceau avait été blessé mortellement à Altenkirchen (19 septembre).

La lettre est aux archives de la Guerre.

« Vous me demandez, mon cher Général, des nouvelles de l'armée :

« Le général Jourdan s'était retiré jusqu'au débouché de Wetzlar, appuyant sa droite au Rhin par Nieder-Lahnstein et couvrant parfaitement le blocus d'Ehrenbreitstein. On est resté quelques jours en présence. Une division de l'armée du Nord, en abandonnant sa position à la première escarmouche, a permis aux Autrichiens de pousser une pointe vigoureuse sur

Ehrenbreitstein et de débloquer cette forteresse.

« Le général Marceau, commandant les trois divisions de droite, ayant par ce mouvement l'ennemi sur ses derrières, a dû changer de position pour se rabattre sur le corps de bataille. Dès lors, Jourdan a pris le parti de faire sa retraite sur Dusseldorf. Marceau, qui soutenait la retraite, a été blessé dans une affaire d'arrière-garde ; peut-être dans ce moment-ci est-il mort !

« C'est mon meilleur ami, c'est à côté de lui que je combats, depuis trois ans, avec la presque certitude du succès. Une balle lui a traversé la poitrine.

« C'est une calamité pour l'armée, car il était bien l'homme qu'il fallait pour commander l'aile droite, par sa sagacité, la justesse de sa conception, en un mot, par tous les talents que vous lui connaissez. Mes larmes coulent, mon Général, en vous faisant ce récit. Je sais que vous n'y serez pas indifférent.

« J'ai proposé au général en chef de jeter

quelques compagnies de grenadiers au delà du Rhin, vers les débouchés de Nastein et de Wiesbaden, pour inquiéter l'ennemi sur son flanc et sur ses derrières.

« Dans tous les cas, je suis prêt à me porter en avant avec mes douze mille hommes.

« Donnez-moi de vos nouvelles, mon Général, si vous le pouvez.

« Je suis ici comme un *enfant perdu,* mais qui saura bien se retrouver quand l'occasion s'en présentera.

« A la levée du blocus de Mayence, j'ai pris position en arrière de la Seltz, ma droite en arrière de Partheneim, ma gauche à Bingen.

« Là, je suis maître de mes mouvements ; je puis recevoir le combat, ou bien, en trois heures, repasser la Lahn, derrière laquelle j'attendrai, de pied ferme, tout ce qui se produira devant moi.

« Je vous embrasse de tout mon cœur, mon Général, et vous souhaite, pour la prospérité de vos armes, tous les succès que méritent vos talents. »

Hardÿ fit ensuite dans le Hundsrück, dont il a laissé la belle carte conservée au Dépôt de la Guerre, une mémorable campagne, marquée par des succès éclatants : Nieder-Ingelheim, Kayserlautern, Bingen, la Montagne Saint-Roch et le Mont-Tonnerre, où il fut grièvement blessé (27 novembre 1796).

Cette blessure l'obligea à revenir à Philippeville, où les plus chères affections l'attendaient.

Le 18 janvier 1797, il épousait Calixte Hufty de Busnel, dans tout l'éclat de sa grâce, de sa beauté et de ses vingt ans. C'était la belle-sœur de son vaillant compagnon d'armes de Valmy et de Monceau, le commandant d'artillerie de Sénarmont.

Pendant quelques semaines, la guerre et ses dangers furent oubliés dans la maison patriarcale de Philippeville !

Il fallut bientôt la quitter.

Hoche, successeur de Beurnonville à l'armée de Sambre-et-Meuse, avait, impatient de gloire, passé le Rhin le 20 avril 1797.

Hardÿ prit la poste pour rejoindre l'armée.

Ses lettres à sa femme (dont il fut presque toujours séparé), à Bruix, ministre de la marine, à lord Cornwalis, quand il était son prisonnier, à Bernadotte, au général nègre Christophe, comme son éloge de Marceau et sa proclamation aux Irlandais, nous dévoilent son grand cœur et son noble caractère. Mais elles jettent aussi une vive lumière sur les événements auxquels il a pris part ou qu'il relate, depuis la dernière campagne de Sambre-et-Meuse, en avril 1797, jusqu'à la conquête de Saint-Domingue, en mai 1802.

Nous avons élagué de cette correspondance les tendresses, les détails d'intérieur, les préoccupations familiales, pour ne conserver que ce qui intéresse l'histoire de notre chère France, que Jean Hardÿ aimait tant et qu'il a si bien servie.

Paris, 1ᵉʳ octobre 1900.

CORRESPONDANCE INTIME

DU GÉNÉRAL

JEAN HARDŸ

DE 1797 A 1802

L'ARMÉE DE SAMBRE-ET-MEUSE

pendant l'armistice, du 30 avril au 19 septembre 1797.

Coblentz, 11 floréal an V (30 avril 1797).

Des chemins abominables, la pluie continuelle,
ne nous (1) ont permis, ma bonne amie, d'arriver
à Coblentz qu'aujourd'hui. Je suis harassé, et ce-

(1) Le général voyage avec son aide de camp, Louis Vallin,
lieutenant au 2ᵉ hussards. Né, le 16 août 1770, à Dormans ;
chef de bataillon de réquisition en 1793 ; nommé adjoint aux
adjudants généraux après l'incorporation de son bataillon dans
une demi-brigade, puis, le 29 septembre 1796, aide de camp
du général Hardy.

longtemps possible. Attendons les événements et prenons patience.

> Grunberg, 21 floréal (10 mai).

Les contributions commencent à rentrer dans la caisse de l'armée, qui était vide à mon arrivée. Je toucherai incessamment mes appointements et te les ferai passer.

> 26 floréal (15 mai).

J'ai établi mon quartier général à Grunberg, en Vétéravie. Hoche m'y a envoyé trois beaux chevaux; le cadeau m'a paru fort doux.

Je vais demain à Francfort pour me distraire un peu. Il y a de quoi mourir d'ennui en ce pays, dans l'inaction où nous sommes.

> Friedberg, samedi, 20 mai.

Je trouve, en passant chez Hoche, de la besogne par-dessus les yeux.

L'armée que la Hollande nous avait prêtée s'en retourne. Je la remplace sur la rive gauche du Rhin et devant Mayence, avec un corps de quatorze mille hommes. Demain matin, je mettrai toutes mes troupes en mouvement; il ne faut pas songer à dormir.

La position que je vais occuper est à peu près

celle que j'avais pendant la dernière campagne. Si, en nous retirant sur nos frontières, l'ordre de bataille n'était point interverti, j'aurais l'espoir de commander aux environs de Philippeville.

Hardÿ, général de brigade, commandant le corps d'armée du Hundsrück, à sa femme.

Alzey, 15 prairial (3 juin).

Poste maudite, administration diabolique, vous me faites mourir à petit feu! Depuis quarante et un jours que je t'ai quittée, je n'ai pas encore reçu un mot de toi! Je suis désolé. Mes lettres te sont-elles au moins parvenues?

Voilà mon quartier général fixé ; nous aurons moins de difficulté à correspondre. Dédommage-moi de tout ce que ton silence m'a fait souffrir. Je t'écrirai tous les deux jours ; sois exacte à me répondre.

A la tournure que prennent les affaires, il paraît que nous ne rentrerons pas de sitôt dans nos limites. La Constitution germanique est si compliquée, il y a tant d'intérêts particuliers à discuter, à arranger, à ménager, que la paix ne sera pas définitivement conclue avant quatre ou cinq mois. Quand mon corps d'armée sera bien organisé, je demanderai à Hoche une permission de quinze jours.

Je travaille sans relâche à mes cartes du Hundsrück; je les enverrai au graveur avant huit jours; elles seraient déjà parties si Hoche et plusieurs autres camarades ne m'avaient engagé à faire une cinquième feuille.

On m'avait fait espérer que Sénarmont commanderait le parc de réserve de mon corps d'armée; j'ai été trompé et m'en chagrine.

Dimanche, 4 juin..

Je ne les lis pas tes deux charmantes lettres, je les dévore. Tu n'as d'autre chagrin que la séparation que nous imposent les circonstances et mon état; il faut t'en consoler. Fais diversion par la guitare et le *forte;* ce sont des moyens que je n'ai pas.

Je t'ai écrit hier par la poste que j'ai installé à mon corps d'armée.

Un malheur n'arrive jamais seul. Pendant que le chat déjeunait avec ton serin, je cassais la glace de ma tabatière; mais ton portrait n'est pas endommagé. Quel gourmand que ce chat! S'il se fût contenté d'arracher quelques plumes, on lui passerait cette espièglerie; mais non, il lui fallait le

serin tout entier; on lui en élèvera des chanteurs
pour qu'il les croque!

François (1) te portera un collier et un dé en
or, que j'ai achetés pour toi à Francfort. J'y joindrai de mes cheveux, puisque tu le désires.

Kreutznach, 17 messidor (5 juillet).

Mon dessinateur, jeune homme de talent que
j'ai découvert outre-Rhin, est à Paris pour remettre au graveur Tardieu mes cartes du Hundsrück. Dès que je saurai où elles en sont, je demanderai la permission d'aller corriger les épreuves.
Je passerai par Philippeville et je verrai ma chère
petite femme! Quelle joie!

Comment va ta musique? S'est-on bien amusé
à la kermesse? As-tu beaucoup dansé?

23 messidor (11 juillet).

De grands mouvements dans le personnel se
préparent. On réforme beaucoup de généraux.
On devait s'y attendre, car il est impossible que
le Gouvernement conserve, à la paix, tous ceux
qui lui étaient nécessaires pendant la guerre.

Hoche est parti hier pour une expédition outre-

(1) Son domestique.

mer (1). C'est Moreau qui va commander en chef sur le Rhin. Nous attendons, de jour en jour, une nouvelle organisation de l'armée. Nous aurons beaucoup de besogne avant de rentrer en France.

26 messidor (14 juillet).

Si Sénarmont est à Philippeville, dis-lui que nous parlons bien souvent de lui avec le colonel Fabre, qui commande l'artillerie de mon corps d'armée. C'est un homme d'un rare mérite, qui a de vastes connaissances et que je garde avec plaisir auprès de moi. Il tient Sénarmont en haute estime.

28 messidor (16 juillet).

Malgré une chaleur inimaginable, les officiers de mon état-major donnent, ce soir, un grand bal, auquel tu es fortement désirée, même par ceux qui ne t'ont vue qu'en peinture.

J'ai reçu des nouvelles de Paris. Tardieu, qui a fait sa réputation en gravant les cartes de Ferrari, s'est épris de mes dessins et veut y déployer tous ses talents.

---

(1) *L'armée d'Angleterre*, qu'il ne put pas organiser et dont le commandement fut confié, après sa mort, au général Hardÿ, sous le nom *d'armée d'Irlande*.

Coblentz, le 3 thermidor (21 juillet).

Me voilà à Coblentz. Pour longtemps, je n'en sais rien. Dans quatre ou cinq jours j'irai, à Wetzlar, pour voir Hoche (1), causer avec lui et demander la permission de faire le voyage de Paris, en passant par Philippeville.

Kreutznach, le 4 thermidor (22 juillet).

Hoche m'a envoyé en reconnaissance sur le Rhin pour établir des ponts volants. J'ai un grand mouvement à faire exécuter à mes troupes.

Simmern, 24 thermidor (11 août).

Depuis huit jours, je suis comme le Juif errant, courant dans le Hundsrück, sans savoir où séjourner.

Moreau avait reçu du Directoire l'ordre d'y envoyer un corps de dix à douze mille hommes, de la force du mien ou à peu près ; il en a envoyé trente mille. J'ai donc resserré mes troupes pour faire place aux nouveaux arrivants. Ceux-ci m'ont poussé, pressé si vivement, qu'à force de céder du terrain, il ne m'en reste plus.

Hoche, pendant l'absence de qui ce mouve-

(1) Hoche, revenu de Boulogne, avait repris le commandement de l'armée de Sambre-et-Meuse.

ment s'est exécuté, l'a appris, à son retour, avec
d'autant plus d'étonnement que le gouvernement
ne lui en avait rien dit. Il m'a dépéché un courrier, avec ordre de tenir le pays, sous ma responsabilité personnelle. Il n'était plus temps ; je suis
encore aujourd'hui en pourparlers avec les généraux de l'armée de Rhin-et-Moselle, pour qu'ils
me cèdent, à leur tour, de quoi cantonner sept à
huit mille hommes ; je ne sais si je l'obtiendrai.
Ce que je sais bien, c'est que, depuis le 17 thermidor, j'ai peiné comme un misérable. Pour
m'achever, Hoche m'a conféré le commandement
des sièges d'Ehrenbreitstein et du fort Cassel, va-
cants par le départ du général Colaud pour
Ostende, où il va commander la côte. De sorte
qu'au lieu d'un petit corps dans un coin du Hundsrück, je commande vingt mille hommes, en trois
divisions, avec résidence à Coblentz.

Coblentz, 11 fructidor (28 août).

J'arrive de Wetzlar, où j'ai été accueilli par
mon général en chef comme un ami. Mme Hoche
est jolie, aimable, jeune comme toi, intéressante
sous tous les rapports. Elle m'a comblé de gra-
cieusetés. Si je l'avais écoutée, je serais resté huit
jours à Wetzlar ; mais j'attendais de tes nouvelles,

et toutes ses instances n'ont pu me retenir. Elle désire que tu viennes me rejoindre, pour faire ta connaissance.

— « Sinon, m'a-t-elle dit, vous serez un méchant! »

La charmante femme!

Je vais dîner chez le général Debelle, à Neuwied.

1er jour complémentaire (17 septembre).

Je compte partir pour Paris le 12 vendémiaire. J'ai acheté un cabriolet; je prendrai la poste et marcherai jour et nuit, pour être plus tôt arrivé.

A Paris, je ne m'occuperai que de mes cartes; dès qu'elles seront terminées, j'accourrai à Philippeville.

Nous célébrons, le 1er vendémiaire, l'anniversaire de la mort de mon ami Marceau.

La translation des cendres dans le monument que lui a élevé l'armée aura lieu à dix heures du matin. J'ai fait son oraison funèbre; on l'imprime.

3e jour complémentaire (19 septembre).

Le général Hoche est mort, ce matin à cinq heures, à Wetzlar.

Tout le monde le croit empoisonné; un verre de ciguë coûte moins cher qu'un coup de canon!

II

LES FUNÉRAILLES DE HOCHE (1)

du **20** au **23** septembre **1797**.

Le canon, tiré de demi-heure en demi-heure, fut la première expression du deuil général.

Le lendemain, le corps de Hoche fut ouvert pour qu'on pût constater les causes de sa mort et s'assurer que le poison n'en était pas la cause. Le soir, le cercueil fut exposé sur un lit de parade, au fond d'un appartement tendu de noir, éclairé de deux lampes sépulcrales. Le sabre et l'épée, liés en sautoir avec l'écharpe, recouverts d'un crêpe et enlacés d'une couronne de laurier, furent déposés sur le cercueil et surmontés d'une couronne de chêne, emblème des vertus civiques. La

(1) Description de la pompe funèbre faite par l'armée de Sambre-et-Meuse à son général en chef Lazare Hoche, d'après l'ordre du général de division Lefebvre, commandant par intérim.

garde en fut confiée à un officier d'état-major, relevé d'heure en heure, à la compagnie de grenadiers et aux guides, qui, depuis trois ans, n'avaient pas quitté Hoche et le regardaient comme leur père.

Le cinquième jour complémentaire (21 septembre), à midi, le convoi funèbre partit de Wetzlar, pour se rendre à Coblentz, où le corps devait être déposé.

Une petite avant-garde de hussards, six pièces d'artillerie et leurs canonniers, une compagnie de grenadiers, deux escadrons de hussards, deux escadrons de chasseurs, une compagnie de grenadiers, une musique militaire.

Quatre guides à cheval, escortant le guidon du général Hoche.

Le char qui portait le cercueil était drapé de noir (comme les six chevaux qui le conduisaient) et décoré de deux étendards tricolores. Aux quatre coins, deux aides de camp et deux adjudants généraux à cheval, suivis chacun d'un guide à cheval, portant une torche allumée. La compagnie de grenadiers du quartier général marchait en haie de chaque côté, l'arme basse.

Suivaient, à quelque distance, les généraux et les officiers d'état-major de l'armée, un détachement des guides, une musique militaire, **deux** compagnies de grenadiers. Un escadron de dragons fermait la marche.

L'enlèvement du corps fut annoncé par douze coups de canon et des salves de mousqueterie. Le convoi se mit en marche au bruit des cloches, aux sons lugubres de la musique, aux accents douloureux de ceux qui l'accompagnaient et des habitants de Wetzlar, accourus en foule pour assister à la triste cérémonie.

A l'approche de chaque village (jusqu'à Coblentz), le cortège était annoncé par six coups de canon. Les troupes cantonnées prenaient les armes et les habitants sonnaient leurs cloches.

A Braunfels, le prince régnant fit répondre à nos coups de canon par une salve de toute son artillerie. A la tête de ses troupes sous les armes, entouré des officiers de sa maison, il attendait le cercueil sur la place. Il l'a salué à plusieurs reprises, en lui faisant rendre les honneurs militaires.

A une demi-lieue de Weilburg, une partie de l'état-major général rejoignit le cortège avec le drapeau de l'armée, qui prit place en avant du char, escorté par un détachement de gendarmerie et de cavalerie. Aux portes de la ville, les magistrats et les principaux bourgeois vinrent, en grand deuil, recevoir le corps. Ils le suivirent jusqu'à l'endroit où il fut déposé pour la nuit. La ville, éclairée par des lampes funéraires, fut traversée au milieu de la garnison formant la haie, au son des cloches. Le cercueil fut placé dans une chambre tendue de noir, éclairée à l'intérieur et à l'extérieur par des torches. Les armes de Hoche étaient dessus, ainsi que son guidon et le drapeau de l'armée. Le religieux silence qu'on garda toute la nuit ne fut interrompu que par deux coups de canon, tirés de demi-heure en demi-heure.

Le lendemain à six heures du matin, le convoi se remit en marche dans le même ordre que la veille.

Le drapeau de l'armée était porté devant le char par un officier d'état-major. Le bruit du canon et de la mousqueterie annonça le départ; la garnison forma la haie: les magistrats suivirent le corps jusqu'aux portes de Weilburg.

Près de Limbourg, le canon et la mousqueterie annoncèrent que les bataillons, les chasseurs et les dragons de l'arrondissement étaient sous les armes. Ils formaient la haie à une très grande distance. Le cortège fit halte sur la route, en avant de la ville. Le char fut entouré de faisceaux d'armes, au milieu d'un carré de grenadiers, de guides et de dragons. Les troupes formèrent les faisceaux et prirent leur repas en silence.

A deux heures, le cortège continua sa marche au bruit du canon et des salves de mousqueterie. Deux compagnies de grenadiers se placèrent, l'une en avant de l'artillerie, l'autre en avant des dragons.

A Montabaur, un adjudant général vint recevoir le cortège; plusieurs bataillons, postés sur la route, le saluèrent de leurs salves. Il traversa la ville au bruit du canon, des cloches et de la musique funèbre, au milieu de troupes formant la haie.

Le cercueil fut déposé, pour la nuit, dans une salle tendue de noir, éclairée de lampes sépulcrales. Les armes, l'écharpe, les couronnes, le drapeau de l'armée et ceux des régiments formaient des trophées.

Le 2 vendémiaire, le cortège reprit sa marche dans le même ordre, à la même heure. Il fut accompagné, pendant quelque temps, par toutes les troupes du cantonnement, qui le saluèrent par des salves d'artillerie et de mousqueterie. La foule augmentait à mesure qu'on approchait de Coblentz.

Au Coq-Rouge, le général Hardÿ, commandant la division de blocus d'Ehrenbreitstein, vint au-devant du convoi et le reçut, au bruit du canon et de la mousqueterie de toute sa division, qui formait la haie jusqu'aux avant-postes.

Le gouverneur autrichien de la forteresse d'Ehrenbreitstein avait fait prendre les armes à la garnison (1). Une partie formait la haie sur le côté droit de la route. Le côté gauche était occupé

(1) *Le commandant de la forteresse d'Ehrenbreitstein au général Hardÿ, commandant la division de siège de ladite forteresse.*

22 septembre 1797.

J'ai l'honneur de vous faire mes remerciements sur l'avis que vous m'avez bien voulu donner des cérémonies militaires qui doivent se faire, pendant trois jours de suite, dans la plaine de Neuwied.

Je prends toute la part imaginable aux honneurs funèbres qui doivent être rendus à des généraux qui, par leurs talents et leurs connaissances militaires, non seulement se sont rendus immortels dans leur patrie, mais aussi ont mérité, à tous égards, l'estime la plus haute de leurs ennemis momentanés. Les vrais militaires savent se rendre justice et apprécier les mérites.

Je viens d'informer ma garnison et les avant-postes, du convoi funèbre du général Hoche, qui doit passer demain par le Coq-Rouge.

J'ai l'honneur d'être, avec la considération la plus distinguée, monsieur le général, votre très humble et très obéissant serviteur.

SEIITER.

2

par les troupes républicaines, depuis les avant-
postes jusqu'à Thal, au bord du Rhin. Le reste
des Autrichiens était massé sur les glacis de la
forteresse. Le gouverneur et son état-major vinrent recevoir le corps aux avant-postes, le suivirent jusqu'au bord du Rhin, au milieu de la double
haie d'Allemands et de Français.

Le canon d'Ehrenbreitstein ne cessa de tirer
qu'au moment où le cortège passa le fleuve.

Ce cortège fut reçu sur la rive opposée au bruit
de l'artillerie des forts, des chaloupes canonnières
et de la mousqueterie.

Trente officiers, généraux, d'état-major ou supérieurs, portant des torches, accompagnèrent à
pied le cercueil, autour duquel étaient portées des
enseignes *à la romaine,* surmontées de couronnes
de chêne et de laurier.

On y lisait, en français et en allemand, les
inscriptions suivantes :

GÉNÉRAL EN CHEF A **24** ANS,	An Ier de la République.
IL DÉBLOQUA LANDAU,	An II —
IL PACIFIA LA VENDÉE,	Ans III et IV —
IL VAINQUIT A NEUWIED,	An V —
IL CHASSA LES FRIPONS DE L'ARMÉE,	An V —
IL DÉJOUA LES CONSPIRATEURS,	An V —

On traversa lentement Coblentz jusqu'au fort

de Petersberg (1), au milieu d'un feu continuel d'artillerie et de mousqueterie, auquel les Autrichiens répondaient sur la rive droite du Rhin. Le corps de Hoche fut déposé à côté de celui de Marceau. Quatre cyprès et les six enseignes furent plantés autour de la fosse, du fond de laquelle les deux héros semblent encore menacer l'ennemi, qui a si bien appris à les craindre.

Les généraux Lefebvre, Championnet et Grenier voulurent, au dernier moment, payer à la mémoire de leur ami un juste tribut d'éloges et de reconnaissance; mais leurs larmes et les sanglots de tous les assistants ne leur permirent pas d'achever les discours qu'ils avaient commencés.

Au moment de se séparer, un grenadier quitta son rang, s'approcha de la fosse et, présentant son arme, il jeta sur le cercueil une couronne de laurier, en disant :

— « Hoche, c'est au nom de l'armée que je te donne cette couronne! »

Puis, chacun se retira en silence.

Coblentz, 4 vendémiaire an VI (25 septembre).

J'avais besoin de ta lettre pour dissiper le chagrin qui nous accable tous.

(1) Devenu le fort Marceau.

Nous avons enterré, avant-hier, le général Hoche dans le fort Marceau. Hier, nous avons transféré les cendres de Marceau dans son tombeau ; ces cérémonies étaient très touchantes. La tristesse était sur tous les visages ; pas un soldat qui n'ait pleuré. Le silence des assistants contrastait avec le bruit du canon et de la mousqueterie. Nous avons fait une grande perte.

Je ne sais encore qui prendra le commandement de l'armée.

Nous attendons des nouvelles certaines sur la paix ou la cessation de la trêve. Je crois à la paix ; j'ai, à ce sujet, les renseignements que m'a donnés ce pauvre Hoche, deux jours avant sa mort.

Voici l'éloge funèbre de mon malheureux ami Marceau ; j'ai eu bien de la peine à le prononcer entièrement ; il a fait une vive sensation.

Je pars tout à l'heure pour Andernach et Bonn ; je suis chargé de diriger la construction du tombeau de Hoche.

III

ÉLOGE DE MARCEAU

prononcé par Hardy, le **24** septembre 1797.

Honorer la mémoire d'un général, qui fut notre frère d'armes et notre ami ; rendre hommage à ses vertus civiques et militaires ; lui apporter le dernier tribut de notre affection ; lui ériger un monument qui rappellera son nom aux siècles à venir ; voilà, camarades, ce qui nous rassemble.

Ces retranchements qu'il enleva de vive force, cette ville de Coblentz qui éprouva sa générosité, ce Rhin qu'il défendit, cette forteresse d'Ehrenbreitstein qu'il fit trembler, tout ici témoigne de son courage, de ses talents et de sa générosité !

C'est sur ce théâtre, où il fut, à la fois, un homme et un héros, que l'armée de Sambre-et-Meuse vient déposer ses cendres et renouveler le souvenir du coup fatal qui l'arracha à ses soldats, à ses amis, à la Patrie !

Faisons trêve à notre douleur; écartons les tristes pensées qu'inspirent les tombeaux et ornons de fleurs celui de notre général. Pour en tresser les guirlandes, il suffira de relater quelques épisodes de sa vie militaire. Nous y verrons l'audace dans l'offensive, la prudence et la fermeté dans la défensive, le calme et le sang-froid dans les revers, la modestie et la générosité dans le succès.

Marceau avait vingt-deux ans quand il se signala en Vendée comme officier général; il donna l'exemple de la bravoure à Cholet, au Mans, à Savenay.

Il prépara par ces victoires l'heureuse pacification accomplie par Hoche, ce général à qui l'armée de Sambre-et-Meuse a été fière d'obéir, et dont la mort prématurée vient augmenter encore nos regrets et nos larmes.

La campagne de 1794 appela Marceau sur un nouveau théâtre. Les armées combinées de l'Autriche, de la Hollande et de l'Angleterre s'avançaient à grands pas vers nos frontières du Nord. Déjà elles avaient bombardé Thionville et Lille; le Quesnoy, Valenciennes, Condé, Landrecies, étaient en leur pouvoir. Les armées républicaines se réunirent sur la Sambre; Marceau quitta la Vendée pour commander une division à l'armée des Ardennes. Depuis ce moment jusqu'à celui où il fut atteint par une balle autrichienne, je fus le compagnon assidu de ses travaux, le témoin de sa gloire. Je vais le suivre dans cette carrière qu'il fournit avec tant d'honneur.

En arrivant sur la Sambre, il est, le premier, chargé de la passer; il le fait en présence d'un ennemi très supérieur, le culbute et le force à se retirer sous le canon de Charleroi. Deux jours après, notre gauche éprouve un échec; l'ennemi en profite et tente de nous rejeter sous les murs de Philippeville. Marceau repasse la Sambre, met sa division en bataille sur les hauteurs de Montignies et, après un combat opiniâtre, qui dure depuis le matin jusqu'à la nuit close, l'armée conserve sa position sans être entamée. Cette belle résistance nous permet de menacer Charleroi. A peine en a-t-on fait les approches, que l'armée est forcée de se retirer derrière la Sambre. Marceau reste le dernier sur la rive droite et sa division repasse la Sambre en bon ordre, à la vue de l'ennemi, qui n'ose le poursuivre.

A cette époque, Jourdan arrive à la tête de quarante mille braves, qui décident la reddition de Charleroi et le gain de cette célèbre bataille de Fleurus, qui honore à la fois l'armée française et le général qui la commandait. Vous qui combattiez à côté de nous, camarades, vous qui avez partagé avec Marceau les périls et la gloire de cette rude journée, vous ne lui refuserez pas la branche de laurier qu'il y a cueillie !

L'ennemi vaincu repasse la Meuse, abandonne Namur et se retranche derrière la rivière d'Ourthe ; Marceau l'y poursuit avec l'avant-garde et le tient en échec.

Au moment de l'attaquer, il montre à ses troupes la rivière qu'il faut passer à la nage, le rocher escarpé d'Esneux qu'il faut escalader :

— « Notre opération, leur dit-il, est difficile, mais elle n'est que difficile ; avec de braves gens comme vous, on est sûr de vaincre ! »

Et il saute dans la rivière, en criant :

— « *Suivez-moi !* »

On le suit ; chaque soldat tient son fusil au-dessus de sa tête, passe la rivière sous un feu terrible, gravit le rocher sous la mitraille et emporte à la baïonnette le camp retranché. Les Autrichiens veulent résister encore ; nos soldats redoublent d'ardeur. Marceau charge à la tête de ses escadrons et décide la victoire. Six mille prisonniers, quarante canons, les équipages et les drapeaux restent en notre pouvoir.

Après ce coup d'audace, l'ennemi est poursuivi à outrance jusque derrière la Roër. L'armée de Sambre-et-Meuse vient l'y attaquer en bataille rangée. Tandis que Kléber et Lefebvre attaquent Juliers, Championnet, Grenier, Hatry et Poncet font des prodiges de valeur. Marceau, à la droite, chasse l'ennemi de Dueren, s'empare de la ville sous une grêle de bombes et de boulets et enfonce l'aile gauche des Autrichiens, qui se réfugient sur la rive droite du Rhin.

Sur la rive gauche, il reste deux places à prendre ; Kléber se charge de Mastricht. Marceau part de Cologne, marche à grandes journées sur Coblentz, emporte, l'épée à la main, les ouvrages qui couvrent cette ville, la somme de lui ouvrir ses portes et y fait son entrée triomphale.

L'année suivante, Marceau ne suit pas l'armée dans sa marche en avant ; le siège d'Ehrenbreitstein lui est réservé. L'audace avec laquelle il s'approche de cette forteresse, sa promptitude à la cerner, la sagesse de ses combinaisons, l'activité de ses travaux, tout nous présage le plus brillant succès, quand la fortune trahit nos armes.

Nos lignes devant Mayence sont forcées ; l'armée de Sambre-et-Meuse reste sans points d'appui ;

l'ennemi menace, en même temps, Coblentz et nos ponts sur la Moselle.

Marceau part, le 7 brumaire, avec sa division, court à la rencontre de l'ennemi, le chasse des gorges du Sohner-Wald et va lui offrir le combat à Kreutznach. L'action est vive et meurtrière; nos troupes font des merveilles ; mais l'ennemi, repoussé d'abord, revient à la charge. Kreutznach est le théâtre d'une mêlée sanglante; après dix heures d'un combat opiniâtre, nous restons maîtres du champ de bataille.

La prudence ne permettant point à Marceau de rester plus longtemps en présence d'un ennemi de beaucoup supérieur, il repasse le Sohner-Wald, en attendant du renfort. Championnet, Bernadotte et Poncet viennent à son secours. Sans perdre de temps, Marceau pénètre dans le Hundsrück, pays difficile, montueux et presque inconnu jusqu'à ce jour. Sa vigilance, ses talents, son activité, suppléent aux notions topographiques.

A peine en position, il apprend que l'ennemi se porte sur son flanc. Il court à lui, le rencontre au passage de la Glann, l'attaque, le bat et s'empare des villes de Lauterecken et Meisenheim. Pendant cette action, Bernadotte et Championnet font huit cents prisonniers et enlèvent plusieurs pièces de canon.

Ces échecs obligent l'ennemi à changer son plan ; tandis qu'il se présente à notre gauche en nombre à peu près égal, il oppose à notre droite des forces quadruples. Marceau, attaqué sur la Glann, s'y défend avec fermeté et courage ; ses troupes contiennent l'ennemi par une résistance de cinq heures. Elles montrent dans le combat un acharnement dont on a peu d'exemples, et ce n'est que quand elles se voient trahies d'un côté par les habitants, de l'autre écrasées par le nombre, qu'elles se décident à la retraite. Elles l'effectuent en plein jour, à la vue de l'ennemi, sans confusion, défendant le terrain pied à pied, manœuvrant avec habileté et sang-froid, occupant les positions avantageuses, se formant en bataillon carré contre la cavalerie et arrêtant l'ennemi par le calme et la bravoure réfléchie qu'elles déploient. C'est dans cet ordre admirable, qu'après une marche de quatre heures, Marceau reporta sa division derrière la Nahe.

L'ennemi veut nous faire abandonner le Hunds-rück et nous rejeter au delà de la Moselle. Il attaque notre camp ; l'infanterie charge à la baïonnette ; les Autrichiens se sauvent dans les bois, abandonnant leurs morts et leurs équipages. De nouvelles colonnes reviennent à la charge ; Marceau leur tue cinq cents hommes et leur prend leurs canons.

Découragé par ses revers, épuisé de fatigue et de travaux inutiles, l'ennemi propose une trève. Marceau en arrête les conditions ; sa grandeur d'âme, sa modération, ses égards, forcent l'estime et l'admiration de nos adversaires.

A l'ouverture de la campagne dernière, pendant que l'armée marche à grands pas vers le Danube, Marceau attaque Ehrenbreitstein, Kœnigstein, et bloque Mayence. Il prend Kœnigstein. Déjà le moral des garnisons d'Ehrenbreitstein et de Mayence est ébranlé, quand la Fortune capricieuse, cessant de nous sourire, oblige Jourdan à abandonner les rives du Danube pour se rapprocher du Rhin.

Marceau croit de son devoir de le rejoindre. Après les combats de Limbourg et de Freyling, où il déploie des talents supérieurs, il couvre la retraite sur Altenkirchen.

Voilà l'heure où la Mort vient arrêter le héros au milieu des triomphes. L'armée passe le défilé d'Altenkirchen ; Marceau reçoit l'ordre de tenir le plus qu'il pourra afin de donner le temps à toutes les colonnes de se former en bataille. Il s'arrête à la forêt d'Aschbach, fait face à l'avant-garde autrichienne, qui le suit de près, et se prépare à la combattre. Au moment où il reconnaît les dispositions de l'ennemi, un chasseur tyrolien, caché derrière un arbre, lui perce le corps d'une balle de carabine.

Marceau se retire sans dire un mot. Un peu après, il se fait descendre de cheval, recommandant à ceux qui l'entouraient de taire sa blessure. Mais c'est en vain ; on a les yeux fixés sur lui ; on s'aperçoit qu'il est blessé, le bruit s'en répand dans les rangs. Les soldats se pressent autour de leur général, veulent le voir ; ils poussent des cris de colère et l'emportent sur leurs fusils jusqu'à Altenkirchen.

C'est là qu'en son lit de douleur, il reçoit les derniers adieux de Jourdan, des officiers de l'état-major et de ses frères d'armes.

A l'aspect de ce corps sanglant, les visages sont inondés de larmes. Seul Marceau, malgré ses horribles souffrances, a conservé une figure sereine

— « Général, dit-il à Jourdan, pourquoi pleurez-vous? Je suis trop heureux de mourir pour ma patrie ! Mes amis, je vous recommande ma famille et les braves qui ont combattu avec moi ! »

La nouvelle de sa blessure est portée à l'armée autrichienne ; les généraux accourent à Altenkirchen. Le vaillant et respectable Kray, qui, pendant deux campagnes, a combattu Marceau, est le premier à le visiter. Il lui prodigue les attentions, lui témoigne des regrets sincères ; il reste près de son lit ; la tristesse est peinte sur son visage ; ses yeux sont baignés de pleurs. Il lui prend la main, la presse contre son cœur et essaye de consoler ceux qui l'entourent.

Le prince Charles envoie son chirurgien pour sauver la vie de Marceau.

Les hussards de Blanckenstein et de Barco, qu'il a eus si souvent pour adversaires, viennent lui apporter des témoignages d'estime et de respect.

Cependant les symptômes alarmants se manifestent ; les angoisses redoublent et Marceau sent arriver son heure dernière :

— « C'en est fait, dit-il, je ne suis plus rien ! »

Il s'agite, il lutte contre la mort ; puis son pouls s'arrête, ses extrémités se glacent, son visage se décolore, ses yeux se fixent et se ferment pour jamais !

Son corps reste aux Autrichiens, qui ne veulent le remettre à ses frères d'armes qu'après lui avoir rendu les derniers hommages. Ils se disputent l'honneur de le porter jusqu'aux bords du Rhin, et le vénérable Kray les accompagne.

Ainsi mourut, à six heures du soir, le 5e jour complémentaire an IV de la République française, le brave Marceau, emportant avec lui dans la tombe l'amitié et les regrets de ses camarades, de ses subordonnés, l'estime de ses ennemis, l'admiration de l'Europe entière !

Au lieu de ces cendres, de ce cercueil, de ces flambeaux funéraires, de ces crêpes de deuil, que ne puis-je, mes camarades, vous présenter Marceau vainqueur, Marceau couvert de gloire, Marceau déposant les dépouilles de l'ennemi sur l'autel de la Patrie, au son des fanfares de la Victoire ! Qui de vous ne lui eût offert une couronne de chêne et de laurier, et n'eût suivi son cortège triomphal !

Car il était le modèle de ces braves qui ont sacrifié leur repos, leur santé et leur sang pour assurer le bonheur de leurs concitoyens par une paix honorable, digne de la majesté d'un grand peuple !

(*Au tombeau.*) Monument éternel de notre reconnaissance, reçois ce dépôt que l'armée de Sambre-et-Meuse te confie ; conserve précieusement ces restes qui nous sont chers ! On ne t'approchera qu'avec vénération ; apprends aux générations futures comment le soldat français honore le courage et la vertu !

Et vous, premiers magistrats d'un pays libre, qu'il servit avec tant de zèle, d'intrépidité et de désintéressement, rappelez-vous que le Destin a assigné à Marceau une place au Temple de Mémoire ! Ouvrez-en les portes à ce vaillant capitaine ; les Grands Hommes recevront avec attendrissement le héros en qui les soldats trouvaient un père, les malheureux un appui, les vaincus un protecteur, les généraux un modèle !

Hic cineres, ubique nomen (1).

(1) Ici les cendres, partout la renommée.

IV

ARMÉE D'ALLEMAGNE

du **27** septembre au **15** novembre 1797,

Le général Hardÿ, commandant la division de siège d'Ehrenbreitstein, à sa femme.

Coblentz, 6 vendémiaire an VI (27 septembre 1797).

Bien que je t'aie dit souvent, ma chère Calixte, qu'une femme à l'armée n'était pas à sa place, je ne résisterais pas à l'envie de t'envoyer chercher, si nous n'étions sur le qui-vive, car les gazettes ne sont pas à la paix.

On ne sait pas encore qui l'on aura pour général en chef. Nous avons tout perdu en perdant Hoche, moi surtout !

9 vendémiaire (30 septembre).

Tu as lu la proclamation du Directoire (1). Il ne

(1) *Le Directoire exécutif aux Français.*

L'Autriche se laisse diriger par ce cabinet de Saint-James, qui marchande sans cesse le déchirement de l'Europe et le...

3

faut plus songer à aller à Paris ; mon existence est à la Patrie ; c'est sa propriété. Quand le devoir et l'honneur parlent, les intérêts particuliers se taisent.

troubles du continent. L'Empereur contredit lui-même le vœu de ses États et celui de son cœur ; il résiste au besoin que ses peuples ont de la paix et se livre exclusivement à des préparatifs de guerre.

Ses armements nous avertissent de ce que nous avons à faire pour nous-mêmes.

Si l'on veut abuser de la loyauté généreuse qui nous a fait souscrire aux articles de Leoben ; si, en parlant toujours de paix, on ne respire que la guerre, la nation française, qui ne parle de guerre que parce qu'elle veut la paix, doit se mettre en mesure de soutenir sa dignité, et la valeur de ses armées doit reprendre ses avantages.

Citoyens, puisque vos ennemis, en feignant de négocier, se tiennent dans l'état hostile, leur exemple vous force à reprendre les armes et vous assure d'avance de toutes les calamités qui vont être, pour leur pays, la suite inévitable de la rupture de la trêve.

Ainsi donc, citoyens, ressaisissez vos armes, sans cesser de vouloir la paix. Votre gouvernement persévère à l'offrir, aux conditions qui avaient paru convenables. Peut-être il suffira de la contenance guerrière que vous allez reprendre pour qu'on accède enfin à ces conditions ; mais, si on les refuse, vous maintiendrez l'honneur et les lois de la République.

C'est au nom de la Nation, c'est pour remplir son vœu, pour assurer ses droits, pour conserver sa gloire, que le pouvoir exécutif rappelle à leurs drapeaux tous les soldats de la Patrie qui en sont éloignés pour quelque cause que ce soit.

Le Directoire exécutif enjoint donc à ses commissaires près les départements de faire rejoindre, pour le 15 vendémiaire

Je sais que Bonaparte presse vivement l'Empereur de terminer et que, si celui-ci ne le fait pas, il faut que nous en finissions promptement. Nous nous préparons et nos soldats sont pleins d'ardeur.

On assure que c'est Augereau qui prendra le commandement des deux armées de Sambre-et-Meuse et de Rhin-et-Moselle. Tu sais que je le connais beaucoup ; l'heure n'est pas venue de dire ce que j'en pense.

Toute l'armée pleure notre cher et malheureux Hoche.

Six mille hommes viennent renforcer mon corps d'armée ; je les attends dans deux ou trois jours.

19 vendémiaire (10 octobre)

Augereau a fait annoncer hier son arrivée très prochaine ; il est à Strasbourg.

Malgré nos préparatifs de guerre, je crois à la

(6 octobre), tous les militaires quelconques et les réquisitionnaires qui se trouvent dans leurs foyers.

Français, il faut qu'à cette époque vos armées soient complètes, qu'elles soient prêtes à marcher et que leur attitude imposante et terrible commande sur-le-champ cette paix glorieuse, qui aurait dû, depuis six mois, être le fruit de leurs triomphes.

RÉVEILLÈRE-LEPEAUX, président.
LAGARDE, secrétaire général.

paix. Deux lettres que j'ai reçues, l'une de Vérone, l'autre de Venise, m'annoncent que les négociations sont reprises. On travaille sur de nouvelles bases ; j'en ai le plus heureux augure.

25 vendémiaire (16 octobre).

Je t'ai dit que je connaissais Augereau. Je voudrais qu'il ne me connût pas, car il a de moi si bonne opinion qu'il ne me laissera partir que quand il n'y aura plus rien à faire. Je ne sais qui a eu la maladresse de me faire cette réputation, à moi qui travaille dans le silence et veux rester ignoré !

7 brumaire (28 octobre).

La paix, depuis si longtemps désirée, a été signée, le 17 octobre, à Udine (1), entre la République française et l'Empereur.

Je suis si joyeux que la plume me tombe des mains !

Coblentz, 19 brumaire (9 novembre).

Augereau m'a emmené à Francfort. Il voulait

---

(1) A Campo-Formio, près d'Udine. L'empereur François II reconnaissait les conquêtes de la République française, lui donnait les Pays-Bas et la rive gauche du Rhin, consentait à ce que la Lombardie devînt la *république cisalpine* et recevait en retour la Vénétie.

m'entraîner jusqu'à Strasbourg, mais je m'en suis défendu ; il a pris sa route et moi la mienne.

Es-tu contente? Ton cœur s'est-il épanoui à la nouvelle de cette paix glorieuse et bienfaisante, qui doit ramener au sein de notre Patrie, trop longtemps déchirée par les factions, la tranquillité, l'union, l'harmonie et le bonheur ?

Le général en chef m'a promis, aussitôt que l'organisation de l'armée serait finie, de me charger d'une mission pour Paris afin que mes frais de voyage ne soient point à mon compte. C'est deux cents louis qu'il me met dans la main.

Je vais monter à cheval, pour faire prendre à mon deuxième rhume de l'hiver l'air des montagnes et le perdre dans le brouillard.

Mon corps d'armée devient la 4ᵉ division de l'armée d'Allemagne.

25 brumaire (15 novembre).

Je suis résolu à t'appeler près de moi. Tu seras traitée ici avec tous les égards dus à la femme d'un général qui possède l'estime de ses supérieurs, de ses égaux et de ses subordonnés. J'emploierai tous les moyens pour te rendre la vie agréable.

Prépare donc tes brimborions, tes fichus, tes

dentelles, pendant que je préparerai ton appartement. Amène ta femme de chambre de Philippeville ; tu n'en trouverais ici que de mauvaises.

Depuis que j'ai annoncé ta venue, on ne me parle que de toi ; on me demande la permission de m'accompagner pour aller à ta rencontre. Je t'attendrai, le 14 frimaire, à Cologne.

Mme Hardÿ rejoint son mari à Coblentz et la correspondance s'arrête.

Mais nous trouvons dans nos précieuses archives, à la date du 13 janvier 1798, un document du plus haut intérêt artistique, qui mérite d'être reproduit.

La célèbre galerie de tableaux formée à Dusseldorf par les Électeurs Palatins a été, depuis 1795, transportée à Gluckstadt, à l'embouchure de l'Elbe. Le général Hardÿ, dans un rapport au Directoire, établit que cette galerie doit être restituée à la République française.

V

LA GALERIE DE DUSSELDORF

13 janvier 1798.

L'Electeur Palatin a trois galeries de tableaux, à Munich, Manheim et Dusseldorf. Celle de Dusseldorf est la plus considérable; elle renferme un grand nombre d'œuvres des maîtres italiens : Raphaël, le Titien, Carlo Dolce, Léonard de Vinci, Paul et Alexandre Véronèse, Annibal Carrache, le Gorrège, Pierre de Cortone, etc.

On y trouve l'*Ascension de la Vierge*, chef-d'œuvre de Guido Reni. Mais, quelque précieuse que soit la collection de l'École italienne, elle n'approche pas, au dire des connaisseurs, de celle de l'École flamande.

Une salle entière est réservée à l'œuvre de Rubens. J'y ai remarqué :

1° Un tableau colossal, représentant *le Jugement dernier*. Rubens l'offrit à Wolfgang Guillaume, duc de Juliers et de Berg, quand ce prince lui eut appris qu'on voulait l'assassiner.

Catherine, impératrice de Russie, offrit récemment cent mille roubles de ce tableau, sans l'obtenir.

2° Une réduction du même sujet.

3° *La Chute des anges rebelles*, œuvre admirable, achetée quinze mille ducats, au siècle dernier. L'Électeur Palatin Jean-Guillaume et le prince Eugène de Savoie se la disputèrent vivement, à la vente à l'encan qui s'en fit à Modène.

4° *La Défaite des Amazones*.

5° *Rubens peint par lui-même* (grandeur naturelle), entre deux de ses trois femmes, les deux qu'il aimait. Celle qu'il ne pouvait souffrir, la troisième, est représentée dans *le Jugement dernier*.

Les autres peintres de l'École flamande sont le chevalier Adrien van der Werf, premier peintre de la cour palatine; son œuvre est représentée par vingt-trois tableaux, qui ont uniformément trois pieds de haut. Il avait l'obligation, contre une pension de dix mille florins d'Allemagne, de fournir deux tableaux chaque année. Sa collection a coûté cher.

Plusieurs tableaux de Gérard Dow, dont le fameux *Charlatan sur le marché*.

Trois superbes toiles de Van Dyck, sans compter son portrait, peint par lui-même.

Je n'énumérerai pas les tableaux de Rembrandt, Gaspard Gray, Witt, Berchem, Wouwermann, Van der Meulen, Jordaens, Teniers, Paul Potter, et d'autres encore qui sont devenus célèbres.

Mais il y a aussi les œuvres de peintres flamands qui n'ont pas assez vécu pour acquérir la même notoriété, bien qu'ils la méritent.

Autrefois, excepté en Italie et en Belgique, une galerie de tableaux était un luxe presque inconnu.

Jean-Guillaume, devenu Électeur Palatin à la fin du siècle dernier, mit sa gloire à vivre dans le faste et à étonner le monde par des dépenses extraordinaires.

Louis XIV et l'Électeur de Saxe (celui qui devint roi de Pologne sous le nom d'Auguste II) avaient créé des galeries de peinture.

Jean-Guillaume, bien qu'il n'eût ni goût ni génie, voulut les imiter. Il se déclara le protecteur des beaux-arts et constitua la superbe galerie de Dusseldorf, sans consulter l'état de ses finances, déjà épuisées par les dépenses de sa cour.

Il mourut en 1706, criblé de dettes énormes. Les courtisans, voulant régler sa succession, cherchèrent à tirer parti de tout ce qu'il laissait, pour que le nouvel Électeur, Charles - Philippe, pût tenir son rang. En conséquence, on assembla les États de Juliers et ceux de Berg, qui acceptèrent de payer les dettes de Jean-Guillaume en échange des galeries de ces deux duchés. Elles devinrent propriété nationale et furent réunies à celle de Dusseldorf, sous la condition expresse que l'Électeur ne pourrait jamais s'approprier les tableaux ni en disposer.

Les États, de leur côté, nommèrent une commission pour la liquidation des dettes de la cour. Elles ne furent entièrement payées qu'en 1776.

Les États ont entretenu la galerie de Dusseldorf depuis qu'elle est devenue leur propriété, et l'ont considérablement augmentée et enrichie. Ils ont notamment acheté, en 1776, à M. Krach, au prix de 2,600 écus d'Allemagne, une superbe collection de dessins et d'esquisses des maîtres italiens.

Pendant la guerre de Sept ans, les Hanovriens, après leurs victoires de Clostercamp et de Crevelt, se présentèrent, sur la rive gauche du Rhin, devant Dusseldorf et sommèrent la ville de se rendre, avec menace de la bombarder en cas de refus. On convint d'un délai de quatre jours pour prendre les ordres de l'Électeur Palatin, qui résidait alors à Manheim. Ce répit permit d'emballer, dare dare, la galerie.

L'ordre vint de rendre Dusseldorf; mais les tableaux étaient sauvés du naufrage; on les avait envoyés à Manheim.

A la paix, les États réclamèrent leur galerie et l'obtinrent en tenant bon, malgré les subterfuges employés par la cour pour la conserver à Manheim, dont elle était le plus bel ornement.

En 1795, à la nouvelle que les Français devaient passer le Rhin, l'Électeur Palatin invita les États à transporter la galerie de Dusseldorf à Munich, où elle serait en sûreté à cause de l'éloignement de cette ville du théâtre de la guerre Mais le souvenir des agissements de la cour de Manheim après la guerre de Hanovre était trop récent pour que les États donnassent de nouveau dans le piège. D'autant que leur galerie devait être irrévocablement perdue si la Bavière était donnée à l'Autriche en compensation de la Belgique, ou si les biens de l'Électeur Palatin étaient confisqués.

Les États de Juliers et de Berg remercièrent très poliment l'Altesse palatine de sa sollicitude, de ses offres de service; ils firent transporter leurs tableaux, par deux commissaires, à Gluckstadt, dans le duché d'Holstein, appartenant au roi de Danemark.

Cet acte d'émancipation prouva qu'ils avaient l'instinct de la propriété.

Cette propriété étant bien établie, examinons le parti que peut en tirer la République française.

Les États de Juliers et de Berg ont payé les dettes de Jean-Guillaume : Juliers pour 3/5 et Berg pour 2/5.

La République française ayant étendu ses limites jusqu'au Rhin, et le duché de Juliers nous étant acquis, il n'y a pas de doute que les 3/5 de la galerie ne nous appartiennent. Il serait même possible que le duché de Berg ne se souciât pas, outre mesure, de ses 2/5 et qu'il fût disposé à nous les céder contre argent ou pour quelque avantage que la position actuelle de nos armées permettrait de lui accorder.

L'affaire, bien claire quant au droit, soulèvera quelques difficultés, sinon des duchés, du moins des prétendants à la succession de l'Électeur Pala-tin. Le roi de Prusse, à qui doivent revenir Juliers et Berg « par survivance », fera l'impossible pour avoir les galeries de Dusseldorf, en compensation du duché de Juliers.

Il faut que le gouvernement français agisse

avant le roi de Prusse. La galerie est à Gluckstadt,
à l'embouchure de l'Elbe, et peut être facilement
embarquée pour la Russie. C'est le parti que
prendront les commissaires des États, s'ils ap-
prennent que la France veut s'en saisir, et si le
bruit d'une pointe des Français en Hanovre s'ac-
crédite. Il serait prudent d'envoyer à Gluckstadt
un agent sûr, qui prendrait sur les lieux les mesures
nécessaires pour assurer à la France la possession
de la galerie de Dusseldorf.

Au printemps de 1798, le général Hardÿ est appelé
à Lille pour commander une division de cette armée
d'Angleterre, qui sera encore une fois licenciée avant
d'être embarquée. Le Directoire ne l'avait d'ailleurs
formée que pour donner le change au roi Georges et
à ses ministres, pendant que Bonaparte préparait l'expédition d'Égypte.

VI

ARMÉE D'ANGLETERRE

4 et 5 mai 1798.

Le général Hardÿ à sa femme.

Lille, 16 floréal an **VI** (4 mai 1798).

Championnet n'a pu me donner aucun renseignement sur ma destination; il faut que j'aille à Boulogne, où Grenier saura peut-être quelque chose. Je n'en bougerai pas que je ne sache les intentions définitives du général Desaix.

L'état-major de Championnet a donné hier un bal superbe aux belles de Lille. Il y avait cinq à six jolies têtes et rien de plus; en revanche, beaucoup d'élégance et de clinquant.

J'ai été parfaitement accueilli de mes camarades. J'avais projeté d'aller, ce soir, à Saint-Omer; mais comme nous sommes restés jusqu'à six heures du matin au bal (où d'ailleurs je n'ai pas dansé), Championnet m'engage à coucher ici; ce que je fais. Je ne partirai pour Boulogne que demain, à quatre heures du matin.

Boulogne-sur-Mer, 17 floréal (5 mai).

Arrivé hier, à neuf heures du soir, à Boulogne, je n'ai vu Grenier que ce matin. L'armée est si mal organisée que personne ne s'y reconnaît. Tout me fait présumer que je ne serai pas long-temps ici; il est possible que je revoie bientôt les bords du Rhin. A la tournure que prennent les choses, il n'y a pas d'apparence que la descente en Angleterre s'effectue. Je viens du port; c'est pitoyable; on ne sait rien. J'irais à Calais dans deux ou trois jours; on m'a prévenu que je n'y verrai guère plus qu'ici. Vingt-cinq mille hommes sont en route pour le Haut-Rhin; ce n'est pas là le chemin de Londres!

Et, en effet, le Directoire renonce à la tentative de descente en Angleterre; les divisions réunies au camp de Boulogne sont renvoyées aux armées de la frontière de l'Est; le général HardŸ retourne vers le Rhin.

VII

Le général Hardÿ à sa femme.

Colmar, 15 prairial (2 juin).

Le général Lefebvre a été retenu à Paris pour des raisons que le gouvernement seul connaît. Je l'attends à Colmar, avant de me rendre à Huningue, aux portes de Bâle, pour ne pas être obligé de revenir prendre ses instructions.

On ne sait pas ce qui sera décidé à Rastadt (1) La Suisse est tranquille ; assez du moins pour qu'on n'ait rien à en craindre.

22 prairial (9 juin).

Lefebvre vient d'arriver. Il organisera demain

(1) Les plénipotentiaires de l'Empire germanique étaient réunis à Rastadt pour traiter toutes les questions relatives à la paix avec les représentants de la République française, Debry, Bonnier et Roberjot.

son corps d'observation. Je retournerai du côté de Strasbourg. Il ne sait pas mieux que moi ce que nous allons devenir. Nous voilà subordonnés plus que jamais aux événements et livrés aux conjectures.

Hardŷ, commandant la 2ᵉ division du corps d'observation du Haut-Rhin, à sa femme.

24 prairial (11 juin).

Je pars demain pour Huningue, où je vais prendre le commandement de la division de Duhesme, en attendant qu'il arrive. Je serai tout près de Bâle, où je visiterai, de temps à autre, les camarades de Suisse. Mon intention n'est pas de prendre mon quartier général à Huningue même, mais dans un village voisin, où la vie sera moins chère. Cependant écris-moi toujours à Huningue.

J'avais cru que Lefebvre nous apprendrait du nouveau ; j'ai lu ses instructions ; elles ne disent rien. D'ici à quinze jours ou trois semaines, il faut qu'on en finisse à Rastadt, d'une manière ou d'une autre.

A Bourg-Libre (Fort-Louis), le 2 messidor (18 juin).

J'ai de nouvelles troupes, qui viennent de l'armée d'Italie, où la discipline est très relâchée.

4

Il est urgent de remonter les ressorts ; pour cela, je les verrai souvent, en détail.

J'arrive de Bâle. Rien de triste comme ce grand *cloaque*, où tout ce qui respire ne voit, ne parle et ne rêve qu'argent !

Huningue, 6 messidor (22 juin).

Bâle réclame sa réunion à la République ; si elle l'obtient, j'irai m'y établir.

Tu me demandes comment je me trouve à Huningue. Mal ! Tous les habitants sont des contrebandiers, qui ont fait plus ou moins fortune à ce métier ; ils ne rêvent qu'argent, spéculation, intérêt ; leur avidité est sordide ; leur cupidité, rebutante ; fort sots d'ailleurs et peu sociables. Je n'ai pas encore rencontré une femme avec qui l'on pût causer agréablement ; la plupart sont laides, hautaines, sales à faire peur ; les hommes ne songent qu'à fumer et à boire. Aussi, je m'ennuie à périr.

Je suis logé dans une gargote, où je ne puis recevoir personne ; je couche dans une cage à poules, grande comme notre cabinet de toilette de Philippeville. Notre table coûte un prix fou ; on nous sert si malproprement, avec tant de monotonie, que je suis rassasié avant de déplier ma serviette.

Les six francs que la loi m'accorde pour mes chevaux ne suffisent pas pour nourrir les six que j'ai. On demande à nos domestiques trente-six sous par jour, pour leur faire manger de mauvais légumes ou un maigre morceau de basse viande.

Dans la cassine que j'habite, je suis assailli, toutes les nuits, par les puces, les punaises, les moucherons, les hannetons, les cousins. (Au diable la parenté!) Depuis que je fais la guerre, je ne me souviens pas d'avoir encore été aussi mal logé. Mais c'est notre sort, à nous militaires, d'habiter aujourd'hui un palais doré, où nous couchons dans le duvet, et demain d'avoir une écurie pour gîte, avec un grabat, fait de la litière de nos chevaux!

Je n'ai d'autre distraction que la société de trois bourgeois de Bâle, artistes amateurs, chez qui une âme charitable m'a introduit depuis quelques jours.

J'irai demain à Colmar, où la société est charmante. J'y verrai le général Lefebvre et tâcherai de savoir si nous devons rester longtemps dans cette situation. Dans ce cas, je changerai de village.

VIII

EXPÉDITION D'IRLANDE (1)

de juillet à octobre 1798.

Le général Hardÿ à sa femme.

Paris, **27** messidor an VI (14 juillet **1798**).

Tu ne t'attendais pas à recevoir de moi une lettre datée de Paris; je ne songeais pas davantage à te l'envoyer.

(1) En juillet 1798, après le départ de Bonaparte pour l'Égypte, le Directoire reprit brusquement son projet de porter la guerre dans les îles Britanniques.

La révolte de l'Irlande, noyée dans le sang par lord Campden, couvait encore sous les ruines, malgré les mesures de clémence adoptées par le nouveau vice-roi, lord Cornwallis.

Le gouvernement français décida qu'on enverrait aux Irlandais-Unis un chef, le général Hardÿ, cinq mille hommes de troupes aguerries, de l'argent, des armes et des munitions. Deux divisions navales, réunies à Brest et à Rochefort, étaient mises à la disposition du général Hardÿ. La plus importante, celle de Brest, comprenait un vaisseau, huit frégates et un aviso, sous le commandement de Bompard, marin résolu et expérimenté. Nous verrons, par les lettres qui suivent, quelles misérables questions administratives la retinrent, du 1er août jusqu'au 17 septembre, dans la rade de Brest, bloquée par une escadre anglaise.

Le 19 messidor, à 9 heures du soir, le télégraphe apportait à Strasbourg un ordre de Scherer, ministre de la guerre, expédié de Paris le même jour à sept heures du soir, prescrivant au général Sainte-Suzanne, commandant d'armes, de me dépêcher un courrier, pour que *je me rende sur-le-champ, en poste, à Paris.* Le 20 au soir, je recevais le courrier; le 21, je faisais mon paquet; le 22, à neuf heures du soir, je partais d'Huningue; le 25, à dix heures du soir, j'étais à Paris. Hier matin, 26, j'ai vu le ministre et les directeurs. Dans quatre ou cinq jours je partirai pour Brest.

Que vais-je y faire? Je n'en sais rien encore. J'ai quitté Barras hier, en pleine fête; il m'a donné rendez-vous aujourd'hui à midi. Je dîne ce soir chez le ministre. Le prochain courrier t'en apprendra davantage.

Paris, 29 messidor (16 juillet).

J'ai dîné hier au Luxembourg; Barras m'a dit qu'aujourd'hui ou demain j'apprendrais du nouveau.

Je suis attendu chez le ministre des relations extérieures; j'y cours

Paris, 1ᵉʳ thermidor (18 juillet).

Je partirai après-demain matin pour Brest; je terminerai demain matin toutes mes affaires avec le Directoire et les ministres.

Le général Hardÿ, commandant en chef l'armée expéditionnaire d'Irlande, au citoyen Bruix, ministre de la marine.

Brest, 15 thermidor (1ᵉʳ août).

Vos instructions m'ont été remises ce matin par le général Terrasson, qui m'a communiqué votre lettre. Vous me pressez de partir, je le désire autant que vous.

Le gouvernement a certainement à cœur que l'expédition réussisse, mais il n'en a pas encore donné les moyens. La Trésorerie nationale ne remplit pas les promesses qu'elle m'a faites avant mon départ de Paris. L'ordonnance de 135,000 francs que le Directoire a mise à ma disposition devait me précéder à Brest. Le payeur de la 13ᵉ division n'en a même pas reçu avis. Cependant il rassemble les fonds; il n'y a que la Trésorerie qui le retienne.

Je me suis concerté avec le chef de division Bompard. Il résulte de notre conférence que la flotte est prête à mettre à la voile. Ce qui reste à embarquer peut l'être en moins d'une matinée, mais ce qu'on a fait pour l'équipage et pour l'état-major ne suffit pas. Il est indispensable que vous accordiez encore un mois de solde d'avance. La majeure partie de mes troupes, embarquée depuis vingt jours, a dépensé les deux tiers de ce qu'elle a reçu. Il ne reste plus rien à la Marine pour faire de nouveaux approvisionnements et nourrir les passagers. Les officiers de marine et leurs matelots réclament un arriéré de plusieurs mois. On avait promis aux troupes de terre une avance de trois mois de solde; il n'y a pas à la caisse du payeur divisionnaire de quoi en payer un seul et, aurait-il des fonds, qu'il n'a pas d'ordres.

J'ai passé les troupes en revue ; je les ai trouvées dans un état de nudité qui fait pitié. Il ne reste pas une guenille dans les magasins de Brest. J'ai cependant, à force de sollicitations, obtenu de l'ordonnateur en chef de la Marine une chemise bleue par soldat. Je devais trouver deux mille habits d'uniforme, des gibernes, des armes, pour les transporter en Irlande; je ne sais si le département de la Guerre a donné des ordres, mais il n'y a rien de tout cela à Brest.

C'est encore la Marine qui a bien voulu me prêter

cinq cents briquets pour armer les grenadiers et les sous-officiers. La cavalerie que j'emmène devait se trouver à Guincamp; elle est encore à Nantes et ne pourra pas être à Brest avant huit jours. Je devais avoir deux cents canonniers et je n'en trouve pas cent, tant à pied qu'à cheval.

Enfin, le commissaire des Guerres et ses administrations ne sont pas encore arrivés.

Je suis convaincu qu'il me suffira, citoyen ministre, de vous faire connaître ces difficultés pour qu'elles soient levées. Le moyen le plus efficace est l'argent; sans argent, on ne fait pas la guerre.

16 thermidor (2 août).

J'ai reçu ce matin les adresses destinées aux Irlandais, en français et dans leur langue. Je les répandrai à profusion dans le pays.

Je vous envoie copie de ma proclamation. Je la ferai distribuer en abordant en Irlande.

Le général commandant l'armée française en Irlande, aux Irlandais réunis.

Irlandais,

La persécution que vous éprouvez d'un gouvernement atrocement perfide a excité des sentiments d'indignation et d'horreur dans l'âme des amis de l'humanité. Tous les hommes libres déplorent votre malheur et admirent votre constance. Vos plaintes ont retenti dans toutes les parties du globe; mais votre cause est devenue particulièrement celle du Peuple français.

C'est pour vous prouver son affection, c'est pour seconder vos généreux efforts que le Directoire exécutif de la République française m'envoie vers vous.

Je n'aborde pas votre île pour y porter le ravage et vous dicter des lois. Compagnon d'armes et ami de Hoche, je viens remplir ses engagements (1) et vous tendre une main secourable. Je vous apporte

---

(1) En 1796, Hoche avait appuyé auprès du Directoire les propositions de Wolfe-Tone et de Napper-Tandy, chefs des patriotes irlandais, qui assuraient que le débarquement d'une seule division française en Irlande serait le signal d'un soulèvement général.

— « Le plus court chemin de Londres, disait le pacificateur de la Vendée, c'est par Dublin! »

On l'avait chargé de l'entreprise. Quinze vaisseaux de ligne, douze frégates, six corvettes, neuf transports avaient quitté Brest, le 16 décembre 1796, pour conduire dix-sept mille Français sur les côtes d'Irlande. Le lendemain, la tempête avait dispersé cette flotte. Hoche et l'amiral Morard de Galles, montés sur la frégate *la Fraternité*, avaient débarqué, en janvier 1797, dans l'île de Ré, sans avoir pu tenir les promesses faites aux Irlandais.

des armes, des munitions et les moyens de vous affranchir d'un joug barbare.

Je vous présente mes braves compagnons; ils ne connaissent que le chemin de l'honneur et la victoire. Vieillis dans l'art de vaincre les tyrans, sous quelque forme qu'ils se présentent, ils joindront leur courage au vôtre, leurs baïonnettes à vos piques, et l'Irlande sera affranchie.

Victimes infortunées du plus exécrable despotisme, qui gémissez dans les cachots de l'Angleterre, ouvrez vos cœurs à l'espérance, vos fers seront brisés!

Irlandais qui avez vu vos maisons dévorées par les flammes, vous les verrez reconstruites!

Apaisez-vous, mânes innocents de Fitz-Gerald, d'O'Coigley, d'Edward Crosbie, de William Orr, de Thomas Bacon; votre sang, versé pour la cause sainte de la liberté, cimentera l'indépendance de votre Patrie. Il coule dans les veines de vos compatriotes, et les Français vont châtier vos bourreaux!

Jean HARDŸ.

A madame Hardÿ, à Philippeville.

Brest, 19 thermidor (6 août).

J'ai reçu enfin les instructions du Directoire. Sans qu'il me dise encore bien positivement où j'irai, une division de dix navires (1) est prête à mettre à la voile. J'y embarque quelques milliers d'hommes avec de l'artillerie et des munitions ; au premier vent favorable, nous partirons. D'ici là, je saurai sans doute où je dois aller, ce que je dois faire, et je t'en instruirai.

Que ce voyage ne te cause pas la moindre inquiétude ; c'est l'affaire de trois à quatre mois.

(1) Le vaisseau *le Hoche*, de 74 canons, commandant Bompard, chef de division.

Les frégates : *la Romaine*, de 44 canons, commandant Bergevin, capitaine de vaisseau ; *l'Immortalité*, de 44 canons, commandant Legrand, capitaine de vaisseau ; *la Loire*, de 44 canons, commandant Segond, capitaine de frégate ; *l'Embuscade*, de 36 canons, commandant Clément de la Roncière, capitaine de vaisseau ; *la Coquille*, de 36 canons, commandant Déperonne, capitaine de vaisseau ; *la Bellone*, de 36 canons, commandant Jacob, capitaine de frégate ; *la Résolue*, de 36 canons, commandant Bargeau, capitaine de frégate ; *la Sémillante*, de 36 canons, commandant Lacouture, capitaine de frégate.

L'aviso *la Biche*.

Les gazettes, à Brest, comme à Paris et ailleurs, s'occupent beaucoup de notre expédition; les unes affirment que nous allons à Malte, d'autres à Saint-Domingue, à la Jamaïque, en Irlande. Personne ne sait au juste de quoi il est question.

L'opération dont je suis chargé n'est pas plus périlleuse qu'une autre; elle me donnera un grand travail, mais elle me fera honneur, même si je n'avais pas un plein succès. Plusieurs généraux de division distingués, Championnet par exemple, ont demandé au Directoire le commandement de l'expédition. Je leur ai été préféré sans la moindre démarche; à telles enseignes que le jour de mon arrivée à Paris, je ne me doutais pas du motif qui m'y avait appelé.

Mes aides de camp, Vallin et Sauvage, sont arrivés hier, en poste.

27 thermidor (mardi **14** août).

Le courrier m'a apporté l'ordre de mettre à la voile et de me rendre en Irlande pour en chasser les Anglais, en assurer l'indépendance et y organiser l'autorité civile et militaire.

« Partez, m'écrit le Directoire, partez, général, l'Irlande vous attend, partez! La gloire de votre pays, le salut d'un million de malheureux qui vous tendent les bras et la confiance du Directoire en dépendent. »

Pour instructions :

« Dévouement, audace, loyauté, respect des mœurs, des personnes et des propriétés. Voilà ce que le Directoire vous sait capable d'accomplir; voilà ce qu'il attend de vous! »

Ce voyage n'est pas plus dangereux qu'un autre. Si le Ciel favorise notre traversée, qui ne doit pas durer plus de cinq jours, si nous abordons heureusement, alors je réponds du salut de l'Irlande!

Adieu, ma belle amie, ma bien-aimée Calixte. Je te quitte pour me rendre à bord du vaisseau *le Hoche*. J'espère être plus heureux que le héros dont il porte le nom.

A Bruix, ministre de la marine.

3 fructidor (20 août).

Tous les éléments paraissent s'entendre pour nous clouer dans la rade de Brest et y enchaîner l'ardeur de nos troupes. L'escadre anglaise augmente à vue d'œil; hier, elle nous a présenté quarante-deux voiles qui, à la chute du jour, étaient encore en ordre de bataille en face du Goulet.

J'aurais peine à vous dire qui est le plus affligé de tous ces contre-temps, de Bompard ou de moi. Nous n'avons, ni l'un ni l'autre, le moyen de parer à tant d'inconvénients.

Cependant, en me reportant à ce que vous m'avez **dit** dans le principe et à ce que vous m'avez écrit **depuis**, qu'il importe surtout d'envoyer un général aux Irlandais, il me vient cette idée que je vous soumets.

Je partirai de Rochefort (ou de Nantes) avec vingt officiers bien choisis, quatre cents hommes (infanterie, artillerie et hussards), quelques pièces de campagne sur deux bonnes frégates, commandées par des capitaines éprouvés. J'arriverai promptement en Irlande sans accident.

Pendant que je travaillerai sur les lieux à connaître l'esprit public, à préparer la réussite du projet du gouvernement, la division, ici, pourrait attendre qu'une bourrasque violente rejetât l'escadre anglaise sur ses côtes ou dans la Manche, ce qu'on ne peut guère espérer avant trois semaines, c'est-à-dire avant l'équinoxe.

Vous apercevrez aisément, citoyen ministre, que ce projet n'est point celui d'un marin ; mais quelle que soit l'opinion que vous en ayez, je me repentirai d'autant moins de vous l'avoir proposé,

que j'espère, par là, vous convaincre que si les intentions du Directoire exécutif n'ont point été jusqu'à ce moment remplies, il n'y a pas de ma faute.

Je me plais à vous répéter que le désir le plus ardent de partir anime toutes les troupes, qu'elles brûlent d'impatience de voir arriver le moment où elles pourront faire briller leurs baïonnettes victorieuses aux yeux d'un peuple digne de la liberté, et que ces sentiments sont bien partagés par leur chef.

P.-S. — Dans le cas où vous approuveriez mon projet et où vous ne voudriez pas détacher Bompard de sa division pour lui donner le commandement de la flottille, je vous recommande son second, Maistral, capitaine de frégate.

4 fructidor (21 août).

Depuis quelques jours, un calme profond régnait dans nos parages; à peine les flammes des bâtiments mouillés dans la rade nous indiquaient-elles positivement quel semblant de vent nous avions.

Hier, vers la brune, nous eûmes un bon frais; Bompard, cédant à son impatience et à la nôtre, et voulant enfin exécuter les ordres du gouvernement, donna l'ordre à la division d'appareiller.

A notre sortie du Goulet, tout semblait nous favoriser ; le temps s'obscurcit, la lune disparut, la brise devint plus forte. Nous filions huit et neuf nœuds ; nous aurions certainement traversé la ligne ennemie, bien qu'elle fût de quarante-deux voiles, et nous nous serions trouvés, au matin, avec notre vaisseau et les huit frégates, à trente-cinq lieues de terre, si un événement malheureux ne nous eût arrêtés. A hauteur de la pointe Saint-Mathieu, deux de nos frégates, *la Fraternité* et *la Bellone* (1), s'abordèrent et se firent mutuellement

(1) « Notre frégate, *la Bellone,* fut abordée par la frégate *la Fraternité,* que la trop grande obscurité de la nuit avait empêchée de nous voir et de nous éviter. Les deux vaisseaux, accrochés par leurs manœuvres, se heurtaient avec fracas ; la mer était grosse et nous filions sept nœuds (deux lieues et demie) à l'heure. Le choc fit tomber à l'eau un matelot de *la Bellone.* Le maître d'équipage Calwess sauta dans la mer pour le secourir ; il le saisit par les cheveux et le ramena à bord. Puis, sans vouloir changer ses vêtements mouillés, tremblant de froid, Calwess courut à son poste, grimpa, comme un écureuil, de cordage en cordage, encouragea les matelots, rajusta lui-même les manœuvres rompues et ne pensa à lui que quelques heures plus tard, quand l'ordre fut rétabli, le calme revenu, et que les deux frégates, enfin séparées, eurent repris tranquillement leur marche. »

(*Rapport au général Hardÿ du chef d'escadrons Langlois, embarqué sur* la Bellone.)

des avaries. Les marins vous en rendront un compte détaillé.

Cet accident arriva sous nos yeux ; l'ennemi, que nous *frisions* alors, s'en aperçut ; il tira un coup de canon, lança force fusées et multiplia ses signaux pour avertir l'escadre, qui ne tarda pas à répondre.

Bompard, voyant son projet découvert, crut qu'il était prudent de virer de bord. Le reste de la nuit fut employé à regagner la rade, où nous entrâmes au point du jour, après avoir fait cinq lieues marines.

C'est grand dommage que nous ayons eu cet accident ; le coup était audacieux. Il aurait redoublé l'énergie de nos marins, déconcerté les Anglais et nous aurait fait grand honneur. Il nous reste celui de l'avoir tenté. C'est particulièrement au commandant de la flotte, à Bompard, qu'en appartient le mérite.

Maintenant l'Anglais nous bloque étroitement ; il croise dans l'Yroise et garde le passage du Raz. Nous avons d'autant moins l'espoir de passer que notre tentative d'hier l'a fait redoubler de vigilance et de précautions ; nos moyens maritimes sont insuffisants pour l'éloigner de Brest. Il n'y a plus que le gros temps d'équinoxe qui puisse nous en débarrasser.

D'après ces considérations, permettez-moi, citoyen ministre, de remettre sous vos yeux le projet que je vous ai soumis dans ma première dépêche. Si j'insiste, c'est que je crains que ceux qui me précèdent (en supposant qu'ils aient débarqué) n'agissent à contresens des intentions du Directoire. Ils sont isolés ; chacun d'eux se croit maître de faire ce que bon lui semble, et il n'y a, sur les lieux, personne pour les diriger ou les contenir.

Je vous prie de bien peser ce que j'ai l'honneur de vous dire et de songer sérieusement au résultat.

J'attendrai vos ordres avec une impatience égale à mon désir de réussir.

11 fructidor (28 août).

Ce qui m'inquiète le plus, c'est qu'on s'est pressé de faire partir la petite division que j'avais à Rochefort (1) avec le général Humbert, avant

(1) La division de Rochefort, comprenant trois frégates : *la Concorde*, capitaine Papin ; *la Franchise*, capitaine Guillotin ; *la Médée*, capitaine Coudein, et une corvette, *la Vénus*, capitaine Senez, mit à la voile le 4 août. Son chef, Savary, réussit à débarquer, le 22, au nord-ouest de l'Irlande, dans la baie de Killala, le général Humbert, deux adjudants généraux, Fontaine et Sarrazin, 1,150 soldats français et trois pièces de campagne. Un millier d'insurgés se joignit aux libérateurs. Hum-

de savoir si nous étions en mesure ici, et que je crois Humbert arrivé. Cela dérange totalement mon plan de campagne et va entraver mes opérations. Je connais Humbert et je crains que tout ne soit bouleversé quand j'arriverai. J'ai envoyé un courrier à Paris, pour témoigner au gouvernement mes craintes à ce sujet. Si les choses ne réussissent pas comme j'avais lieu de l'espérer dans le principe, le gouvernement n'aura aucun reproche à me faire. Chargé de l'organisation civile et militaire, j'ai senti tout le poids de ma mission ; je sais combien ma tâche est pénible. J'avais tout préparé pour répondre pleinement à la confiance du Directoire ; j'ai communiqué mon projet aux Irlandais (1) que j'ai à mon bord ; ils me promettaient un succès complet. Peut-être mes pré-

bert, sans attendre son général en chef, courut aux Anglais, les battit à Castelbar, le 27 août, et se rendit maître du comté de Connaught. Il avait déjà prescrit la levée en masse et organisé un gouvernement provisoire, lorsque lord Cornwallis vint, avec quinze mille hommes, lui demander une revanche. Humbert battit en retraite vers la côte, et, après une série de combats glorieux, il fut enveloppé et vaincu, le 8 septembre, à Ballinamuck. Les Anglais eurent des égards inaccoutumés pour le général et les 844 Français qui survécurent à cette héroïque folie ; les insurgés irlandais se dispersèrent.

(1) Un des chefs du mouvement insurrectionnel irlandais, Wolfé-Toné, était attaché au général HardŸ comme adjudant général, sous le nom de Smith.

curseurs ont-ils déjà tout mis sens dessus dessous et faudra-t-il que je recommence sur de nouveaux frais. Je ne perds cependant pas l'espérance ; il m'en coûtera sans doute plus de peine, il me faudra déployer plus d'énergie et faire des exemples ; j'en ai la force, j'en aurai le courage.

12 fructidor (29 août).

J'ai reçu la lettre que vous m'avez fait l'honneur de m'écrire, le 9, pour m'informer que le Directoire a suspendu notre départ jusqu'au moment où la division navale pourra passer sans danger. Nous obéirons, citoyen ministre, mais c'est avec chagrin.

Je regrette que vous n'ayez pas approuvé mon projet.

On dit que le Directoire a permis l'armement en course à quiconque se chargerait de transporter une compagnie en Irlande. Cette proposition n'a pu être faite au gouvernement que par ses ennemis ; car que deviendraient nos troupes isolées, en débarquant en Irlande ? Des brigands, qui porteraient indistinctement la désolation chez les royalistes et les patriotes ; et il est aisé de prévoir comment nous serions reçus, après eux, par les insulaires !

Je vous remercie des vœux que vous formez pour le succès de notre expédition ; il dépend beaucoup des troupes qui sont arrivées les premières. Si donc Humbert vous a informé de son débarquement, je vous conjure, citoyen ministre, de lui tracer, d'une manière bien positive, le cercle dans lequel il doit se circonscrire. Il est brave (personne ne peut lui contester cette qualité), mais, dans les circonstances présentes, le courage ne suffit pas.

Au moment de l'embarquement, j'ai fait donner un acompte aux troupes, sur les fonds mis à ma disposition. Non seulement cette somme ne m'est pas encore rendue, mais le payeur ne sait pas même où puiser de quoi solder quinze jours à l'armée expéditionnaire. Cependant on a promis hautement aux soldats de leur payer trois mois d'avance, et ils y comptent toujours. La même promesse a été faite, à Paris, aux officiers sans troupes qui ont obtenu de s'embarquer ; ils demandent quand on les payera. J'appelle, citoyen ministre, votre sollicitude sur cet objet.

A madame Hardÿ.

13 fructidor (30 août).

Le courrier que j'avais envoyé à Paris est revenu hier au soir. J'avais exposé notre situation au Directoire. Je lui avais fait sentir la presque impossibilité de sortir de la rade, tant que l'escadre anglaise, forte, encore aujourd'hui, de trente à quarante voiles, croiserait devant nous, et que le vent nous serait contraire. Mais, comme dans sa dernière dépêche il me témoignait sa surprise de ce que nous n'étions pas encore sous voiles, je lui ai demandé des ordres positifs pour mettre ma responsabilité à couvert et lui ai promis qu'avec cela rien ne nous arrêterait.

Cette détermination, bien appuyée par le commandant de nos forces navales, a mis la puce à l'oreille à nos Directeurs. Ils ont craint un nouveau coup de crânerie et se sont empressés de me répondre que, quelque pénible qu'il fût de temporiser, ils m'ordonnaient d'attendre qu'un coup de vent, éloignant l'ennemi de nos côtes, nous permît de passer sans nous compromettre.

Nous ne pourrons pas sortir avant douze ou quinze jours, c'est-à-dire avant l'équinoxe. A cette époque, de violentes bourrasques éloigneront les Anglais de nos côtes. Le vent les rejettera sur les leurs ou dans la Manche et nous pourrons passer. Dieu le veuille !

19 fructidor (5 septembre).

Ce qui me rend ma femme plus précieuse, plus adorable et plus chère, c'est cette détermination profondément réfléchie qui la porte à me dire :

— « Va te couvrir de gloire en Irlande et reviens dans mes bras ! »

Oui, mon amie ; oui, j'irai où mon devoir et l'honneur m'appellent ; je servirai la cause de l'humanité ; je déploierai l'étendard de la liberté sur le sol de la tyrannie ; je briserai les fers d'un million d'Irlandais et je reviendrai, plus digne de toi.

Ma proclamation aux Irlandais a reçu l'approbation du Directoire. Je l'ai fait traduire en anglais et imprimer à vingt mille exemplaires.

Bompard est un bon enfant, brave comme César, franc et loyal comme son épée ; il fait tous ses efforts pour nous rendre, à mes officiers (1) et

(1) « Nous restâmes six semaines en rade de Brest, contrariés par les vents, qui nous empêchaient de passer le goulet et de gagner la pleine mer. C'est un triste séjour qu'un vaisseau pour les officiers de terre ; on est entassé les uns sur les autres,

à moi, la vie du bord agréable, et nos relations sont très amicales.

25 fructidor (11 septembre).

Les vents ne veulent pas plus nous favoriser que l'escadre anglaise s'éloigner. Nous n'avons pu mettre à la voile.

La saison s'avance et mon expédition ne se fait pas. J'ai une tâche glorieuse à remplir ; plus je tarderai, et plus je trouverai de difficultés. Il fallait de la promptitude, de l'audace, et il n'y a rien de fait !

Je suis cruellement tourmenté depuis le départ du général Humbert et de quelques autres, partis des côtes de la Manche. Je crains qu'ils n'aient tout gâté !

27 fructidor (13 septembre).

Depuis quatre jours, nous ne voyons plus les Anglais ; il est probable qu'ils se sont retirés sur leurs côtes, et si le vent nous devenait favorable, rien ne nous empêcherait de gagner le large.

de mauvaise humeur et peu tolérants. » (Général VALLIN. *Notice sur ma vie pendant soixante-cinq ans.* Manuscrit inédit, rédigé en 1835, pour son petit-fils, le colonel Léon Borelli de Serres.)

Nous avons bien, par intervalles, quelques moments propices, mais ils sont de courte durée, et l'on ne manie pas un vaisseau comme, sur terre, nous remuons un bataillon. On n'est pas plus vexé que nous le sommes.

Je t'envoie copie de la proclamation que je ferai distribuer à l'armée quand nous serons à vingt lieues en mer. Ce sont chétifs cadeaux pour toi, ma mie, je le sens bien, mais que puis-je t'envoyer d'ici? Ne la laisse pas sortir de la maison avant d'être certaine que nous sommes partis.

Le général Hardÿ, commandant en chef l'armée expéditionnaire, aux officiers et soldats.

Braves compagnons,

Vous annoncer que nous partons pour l'Irlande, c'est vous dire que nous allons rejoindre des frères, des amis qui nous tendent les bras et qui nous regardent déjà comme leurs libérateurs. C'est à vous, guerriers vainqueurs de tous les rois coalisés contre la liberté de votre Patrie, qu'il appartient de briser les fers d'un peuple courageux, qui fait tous les jours de nouveaux sacrifices pour assurer son indépendance.

Les Irlandais vous accueilleront avec joie ; ils rempliront envers vous les devoirs de l'hospitalité ; leur sollicitude et la mienne écarteront de vous tous les besoins ; ils augmenteront votre solde de leurs deniers ; ils feront plus : ils prendront place dans vos rangs pour hâter la destruction des tyrans qui, depuis trop longtemps, les oppriment impunément. Chacun de vous les guidera au chemin de l'honneur ; de la pointe de vos baïonnettes, vous fixerez la victoire et creuserez le tombeau des Anglais.

Braves compagnons, les Irlandais sont dignes de la liberté ! Pour en jouir, ils n'attendent que le secours de la grande nation. Loin de les traiter en ennemis vaincus, vous les regarderez comme les amis de la République française ; vous respecterez leurs personnes, leurs propriétés, leurs usages, leurs mœurs, et surtout les malheurs dont le plus affreux despotisme les accable ; vous admirerez leur constance dans la lutte pénible qu'ils ont à soutenir contre la tyrannie.

A ces vertus, vous joindrez la plus exacte discipline, sans laquelle nous n'avons point de succès à espérer.

Le Directoire m'a investi du pouvoir de relever le mérite des belles actions et m'a donné le droit de punir le crime ; vous trouverez en moi impartialité et justice.

La bonne conduite, les talents, les actions d'éclat seront publiquement récompensés, mais la sévérité des lois n'épargnera aucun de ceux qui s'écarteront de leur devoir et la mort punira les lâches, les alarmistes, les concussionnaires et les pillards.

A madame Hardÿ.

28 fructidor (14 septembre).

Il est huit heures du matin, nous sommes sous voiles depuis trois heures ; le vent, quoique très faible, est assez bon ; l'ennemi ne parait pas ; nous sommes hors du Goulet.

Je t'embrasse à travers les mers et te souhaite une bonne santé.

Conserve-moi ta tendresse et sois sûre de celle de ton époux, de ton ami.

Journal de bord du général Hardÿ,
sur « le Hoche ».

30 fructidor (16 septembre 1798).

A quatre heures après midi, les vents fraîchissent de la partie du N. et N.-N.-O. On appareille, on part, on passe le Raz (vents variables du N.-E. et N.-N.-E.) non sans peine. Neuf pilotes de l'île des Saints rassurent l'équipage et, à onze heures, nous sommes hors de danger. Je donne aux pilotes la récompense promise, soixante-quinze louis.

1ᵉʳ jour complémentaire (17 septembre).

Au jour, calme et beau temps, filant deux nœuds seulement ; on aperçoit trois bâtiments ennemis (1) à deux lieues de distance, l'un à O.-N.-O., les deux autres à O. 1/4 S.-O. A huit heures, ces bâtiments tirent le canon pour nous signaler ; mais le commandant Bompard se détermine à continuer sa route. Peut-être les eût-il atteints, mais il avait des instructions à suivre (2).

2ᵉ jour complémentaire (18 septembre).

Les vents N.-N.-E. Beau temps, belle mer. A

(1) Une frégate de premier rang, *Ethalion* ; un vaisseau rasé, *Anson* ; une goélette, la *Sylphe.*

(2) « Je dois témoigner de l'enthousiasme des troupes embarquées sur *la Bellone*, pendant la *chasse* que nous avons donnée aux trois bâtiments anglais, et de notre regret de les voir s'échapper. Nous avons respecté, en silence, la docilité de Bompard, qui n'a pas su profiter de cet élan, spontané et général, pour enfreindre les ordres du Directoire. »

(Rapport du chef d'escadrons Langlois, embarqué sur la Bellone.)

trois heures, nous rangeons les roches de Pen-march, de deux lieues. Un des trois bâtiments ennemis disparaît (1). A cinq heures, on aperçoit un autre bâtiment de fort tonnage qui, pendant la nuit, s'est joint aux deux autres.

3e jour complémentaire (19 septembre).

A huit heures, on relève la pointe de l'île de Groix. On donne la chasse aux bâtiments ennemis. A dix heures on lève la chasse, et nous gouvernons à O.-S.-O.

Latitude Nord de Groix : 47° 39'.

Longitude occidentale : 5° 50'.

Bompard, inquiet d'être suivi par trois navires anglais (un vaisseau rasé, l'*Anson,* et deux frégates, *Ethalion* et *Amelia*), avait, depuis sa sortie de Brest, gouverné au sud-ouest, pour les tromper et surtout pour éviter les escadres qui croisaient à l'entrée de la Manche.

Hardŷ le décida, le 19 septembre, à détacher deux frégates, *la Loire* et *l'Immortalité,* sous le commandement de Segond, commandant de *la Loire,* pour *donner la chasse* aux bâtiments anglais. Mais quand Segond demanda, par signal, l'ordre d'attaquer, Bompard répondit par le signal de ralliement. Il avait relu

(1) La goélette est allée porter à l'Amirauté le rapport du commandant de l'*Ethalion.* Elle a été remplacée, dans la *chasse,* par la frégate de premier rang *Amelia,* capitaine Herbert.

les instructions du ministre de la marine : « *Éviter tout ce qui pourrait ralentir sa marche et retarder son arrivée au point fixé pour le débarquement de ses troupes.* » *La Loire* et *l'Immortalité* rejoignirent la division ; *l'Anson*, *l'Ethalion* et *l'Amélia* virèrent de bord, en même temps qu'elles, pour continuer leur poursuite.

Bompard eut alors la fâcheuse inspiration de vouloir faire croire aux Anglais qu'il allait aux Antilles. Il doubla le cap Finisterre et continua de gouverner au sud-ouest. Il comptait faire le tour des Açores, y perdre les bâtiments anglais, puis reprendre la route de l'Irlande. Une saute de vent l'obligea de virer au nord.

Pendant ces douze jours de navigation inutile, aucune souffrance ne fut épargnée aux trois mille hommes embarqués sur des navires de guerre, mal aménagés et encombrés de matériel. Bompard n'eut plus, dès lors, qu'une seule pensée : débarquer, au plus tôt, le corps expéditionnaire. Il laissa même, le 25 septembre, passer, sans l'attaquer, un convoi anglais de cent voiles, peu escorté, dont la prise aurait causé au roi Georges un préjudice plus grand que le débarquement d'une poignée de Français dans l'Irlande, atterrée par la capture du général Humbert et de sa brigade.

Hardÿ et Bompard ignoraient le sort d'Humbert. Sachant qu'il avait débarqué au nord de l'Irlande, dans la baie de Killala, ils faisaient route pour atterrir au lac Swilly, dans l'espérance d'y voir leur débarquement protégé par les troupes françaises unies aux Irlandais. La déception fut cruelle !

L'Amirauté anglaise, après avoir cru que Bompard allait à Terre-Neuve, avait appris, par ses croiseurs de l'Atlantique, que décidément il se dirigeait vers l'Irlande. Elle laissa l'amiral Bridport, avec neuf vaisseaux de ligne, à hauteur d'Ouessant, pour empêcher les navires français de regagner leurs ports, et elle envoya, de Plymouth, le commodore sir John Borlase Warren, avec quatre vaisseaux : le *Foudroyant* (de 80 canons), le *Canada* et le *Robust* (de 74), le *Magnanime* (de 44), les frégates *Melampus* et *Doris*, à la poursuite de l'escadre ennemie, que l'*Anson* et l'*Ethalion* n'avaient pas quittée.

Le 11 octobre, quand les Français se croyaient au but et saluaient les côtes d'Irlande de leurs acclamations, quand HardŸ se disposait à atterrir au lac Swilly, l'escadre anglaise fut signalée. Elle avait le vent, la liberté de manœuvre, 520 canons contre 400; les navires français, encombrés de troupes, avaient subi de graves avaries. Bompard laissa entourer *le Hoche* par les vaisseaux de Borlase Warren; il ne sut pas donner à ses frégates l'ordre de courir, toutes voiles dehors, aux Anglais et de remplacer la canonnade à distance par un audacieux abordage, où les bataillons de Sambre-et-Meuse auraient eu raison des marins britanniques, moins nombreux, sinon moins braves. Bompard accepta la bataille navale et il la perdit, après avoir combattu quatre heures, un contre cinq, pour sauver ses frégates.

Ce fut un glorieux désastre!

COMBAT DU « HOCHE »

21 vendémiaire an VII (11 octobre 1798).

Rapport du général Hardÿ au Directoire.

Après vingt-neuf jours d'une navigation extrêmement pénible, la division commandée par Bompard, qui devait porter en Irlande les troupes dont vous m'aviez confié le commandement, était arrivée, le 20 vendémiaire, à hauteur de l'île Tory. Il ne nous restait plus que sept à huit lieues à faire pour entrer dans le lac Swilly, que, de concert avec Bompard, j'avais choisi pour notre débarquement. Le temps était beau, le vent favorable; depuis deux jours, nous avions perdu de vue le vaisseau rasé et les deux frégates ennemies qui, depuis l'île d'Ouessant, nous avaient constamment observées. Tout semblait nous présager un succès complet.

A midi, nous aperçûmes une escadre anglaise, composée de huit vaisseaux, qui forcèrent bientôt de voile, les uns pour nous reconnaître de plus près, les autres pour gagner le vent. Dans ce moment même, nous éprouvâmes une avarie irrépa-

rable par la fracture et la chute de notre grand
mât de hune. Il ne m'appartient pas de vous
donner les détails des manœuvres qui furent faites
pour atteindre notre but et remplir vos intentions ;
je laisse ce soin aux officiers de marine (1).

(1) *Journal de bord du capitaine de frégate Bargeau,*
commandant la Résolue.

Du 20 au 21 vendémiaire.

A midi, grand frais du N.-N.-O. La mer est très grosse, la
division sans ordre.

A une heure, *le Hoche* a démâté de son grand mât de hune
et ce mât a entraîné dans sa chute celle du mât de perruche.

A deux heures, nous avons signalé quarante-deux pouces
d'eau à l'heure, les quatre pompes gréées.

A trois heures, nous avons signalé que les quatre pompes
étaient insuffisantes. Le commandant Bompard a signalé qu'il
laissait le capitaine de *la Résolue* libre de sa manœuvre pour la
sûreté de son bâtiment.

Le capitaine, jugeant qu'il n'était pas prudent d'abandonner
la division sans escorte, surtout à la vue de huit gros bâtiments
suspects, qui nous suivaient dans le sud-est, à distance de cinq
lieues, résolut de suivre, et l'on crut que cette résolution, dont
le commandant s'aperçut, le portait à ordonner à *la Loire* et à
la Romaine de nous tenir continuellement à portée de la voix.
Les deux frégates nous observèrent de très près, tout le reste
de l'après-midi et pendant la nuit.

Les vents soufflaient toujours avec violence du N.-N.-O. ; la
mer était très grosse, notre batterie à la serre, *la Résolue* fati-
guant extraordinairement et les pompes jouant sans cesse.

Les bâtiments aperçus furent bientôt reconnus pour une
division ennemie, qui louvoyait pour nous approcher.

Le Hoche a signalé de virer de bord, à huit heures, et de

Le lendemain, 21 vendémiaire, à six heures et demie du matin, nous nous trouvions par les 10°53' de longitude occidentale, à vue de terre et presqu'en face du lac Swilly. L'ennemi, qui nous avait serrés de près pendant toute la nuit et que nous avions en vain essayé de tromper par une fausse route, ne tarda pas à nous attaquer.

Le Hoche fut d'abord assailli par un vaisseau

tenir le vent sur l'autre bord. A sept heures et demie, l'aviso *la Biche* est venu nous héler ; mais la grosse mer ne lui ayant pas permis d'approcher, par deux fois, on n'a pu entendre les ordres qu'il avait à nous transmettre.

A huit heures, on a viré de bord, vent arrière, et pris tribord amures. De huit heures à minuit, grand frais de vent N.-N.-O. La mer très grosse, le temps couvert. Les bâtiments ennemis ont fait des signaux et montré des feux de temps en temps.

A minuit, plusieurs de ces bâtiments nous avaient doublé au vent ; nous avons viré de bord, pris bâbord amures et fait petite voile pour nous conserver en ordre.

De minuit à quatre heures, toujours bon frais et la mer grosse ; rien de nouveau et les pompes toujours en activité.

A quatre heures et demie, ayant toujours l'ennemi à vue et à petite distance au vent à nous, nous avons viré de bord vent arrière et pris tribord amures ; le vent s'est un peu calmé et l'ennemi s'est toujours rapproché.

Le **21**, au point du jour, nous nous sommes trouvés pêle-mêle avec la division anglaise, sans aucun ordre de part ni d'autre.

Nous avons alors distingué quatre vaisseaux, dont un rasé et trois frégates. Le commandant a signalé *branle-bas de combat ;* ce qui s'est exécuté de suite.

rasé et un de 74 (1.); nous nous battîmes pendant
une heure sans éprouver beaucoup de pertes,
mais bientôt l'ennemi fut renforcé par un vaisseau
de 80, un de 74 et une frégate de 18 (2). La frégate *la Romaine* (commandant Bergevin), qui
s'était jointe à nous, fut obligée de virer de bord
à l'approche du renfort ennemi, et nous nous
trouvâmes *seuls contre cinq*. Le combat devint
alors terrible et opiniâtre de part et d'autre; *le
Hoche* vomissait le fer et la flamme de tribord, de
bâbord et de l'arrière. Il est impossible de trouver
plus de courage et d'activité dans nos soldats de
terre et de mer, plus de fermeté et de sang-froid
dans tous les officiers placés aux différentes batte-
ries, ni plus d'ordre dans une action aussi chaude
que meurtrière. L'espérance de la victoire allait
toujours croissant dans l'équipage et chacun tra-
vaillait avec une ardeur égale à ses désirs.

Cependant, le vaisseau avait déjà près de cinq
pieds d'eau dans la cale; le poste des chirurgiens
était encombré de blessés; toutes les manœuvres
étaient coupées, les voiles en lambeaux, les batte-
ries en partie démontées; trois fois les gaillards
avaient été complètement balayés; les sabords de

(1) *Magnanime* et *Robust*.
(2) *Canada, Foudroyant* et *Amelia*.

la deuxième batterie n'en formaient plus qu'un ;
les mâts et les vergues, fortement endommagés,
menaçaient d'écraser l'équipage par leur chute.
Enfin, réduit à l'impossibilité de gouverner, prévenu pour la deuxième fois qu'il n'y avait plus de
place au poste pour les blessés, ne pouvant plus
compter sur le secours de nos frégates, dont quel-
ques-unes étaient déjà aux prises, forcé de céder
au nombre qui l'accablait, le chef de division
Bompard se détermina à amener le pavillon national, après en avoir défendu l'honneur avec son
intrépidité ordinaire, pendant trois heures quarante-cinq minutes.

Aucune de nos frégates, excepté *la Romaine,*
n'a eu part à cette action ; mais à peine *le Hoche*
fut-il rendu, qu'à leur tour elles furent envelop-
pées par les forces ennemies.

Tous ceux qui étaient à bord du *Hoche* se sont
vaillamment battus (1) ; on ne saurait donner trop
d'éloges aux officiers et aux soldats.

(1) Les bataillons de la 53ᵉ demi-brigade, formés en carré
sur le pont, exécutèrent des feux de salve, qui firent de grands
ravages dans les équipages anglais. Aussi, quand le commodore
monta sur l'épave, il dit à Hardÿ, en lui tendant la main :

— « C'était folie, général, de transformer un vieux bateau
désemparé comme *le Hoche* en un champ de bataille de
Sambre-et-Meuse! »

Notre perte s'élève à cent trente hommes, dont trois officiers; parmi eux, Vildey, lieutenant au 6ᵉ d'artillerie, jeune homme d'un mérite rare et qui donnait les plus hautes espérances. La République perd en lui un brave défenseur et un zélé partisan. Avant d'expirer, il a recommandé sa famille à la sollicitude du gouvernement; puis il est mort avec le calme de la philosophie et la tranquillité d'un homme qui a toujours rempli ses devoirs avec honneur et sans reproche. Il emporte l'estime de ses chefs et l'amitié de ses camarades.

Je m'occupe de recueillir les noms de ceux qui se sont particulièrement distingués.

Recevez, citoyens Directeurs, l'expression du regret bien sincère que j'éprouve de n'avoir pas été mieux secondé par la Fortune et de n'avoir pu justifier la confiance dont vous m'avez honoré.

Jean HARDŸ.

LES FRÉGATES

Les huit frégates, au signal de *former la ligne de bataille sans égard au poste,* s'étaient placées en avant du *Hoche. La Loire, l'Immortalité* et *la Bellone* en étaient les plus rapprochées. Quand *le Robust* et *le Magnanime* assaillirent le vaisseau français, *la Romaine* vint à son secours et tira quelques bordées sur le *Robust*. L'arrivée du *Canada*, du *Foudroyant* et de l'*Amelia* obligea *la Romaine* à virer de bord.

Pendant trois heures, les frégates, que le calme et la houle empêchaient de manœuvrer, durent se tenir à distance des dangereuses bordées des vaisseaux anglais, répondre au feu de l'*Anson*, du *Mélampus*, de l'*Ethalion* et de la *Doris*, et assister, impuissantes, à la magnifique agonie du *Hoche*. Segond, commandant *la Loire*, proposa à Legrand, commandant *l'Immortalité*, d'aborder le *Robust ;* les grenadiers du général Ménage, entassés sur l'*Immortalité*, demandaient à grands cris l'abordage. Mais *l'Immortalité* fit de fausses manœuvres qui l'empêchèrent de se joindre à *la Loire*, et Segond dut renoncer à se servir de la baïonnette.

Bompard prisonnier, le capitaine de vaisseau Bergevin, à qui revenait la lourde tâche du commandement, fit, de *la Romaine*, le signal de forcer de voiles, et la fuite commença.

L'Embuscade et *la Coquille*, plus éprouvées que les autres frégates par les boulets anglais, avaient amené leur pavillon.

La Bellone.

Le capitaine Jacob, sur *la Bellone*, engage la

lutte contre le *Foudroyant*, pour permettre à *la Loire*, à *la Romaine* et à *l'Immortalité* de s'échapper. Un boulet rouge met le feu aux grenades entassées sur le pont. Déjà le gréement et la voilure sont en feu; l'enseigne Cotelle et le capitaine Barbier, du 7ᵉ hussards, s'élancent dans la mâture, et, avec quelques matelots intrépides, ils éteignent l'incendie. Jacob fait jeter à la mer tout ce qui alourdit la marche et gêne la manœuvre. Il se dérobe au *Foudroyant,* mais il est rejoint par le *Mélampus* et par l'*Ethalion*, qui, après deux heures de canonnade, obligent à grand'peine l'héroïque Jacob à rendre sa frégate démâtée, prête à couler; on ne compte plus les morts et les blessés.

La Résolue.

Après la prise du *Hoche* et le signal de *la Romaine,* le capitaine Bargeau a forcé de voiles. A midi, nous ne tirions plus que nos canons de retraite, qui ont été bientôt hors de portée.

Nous avions devant nous un vaisseau rasé, l'*Anson,* qui avait perdu son mât d'artimon, mais qui manœuvrait pour nous couper la route, tandis que les autres navires anglais nous appuyaient la chasse. Nous nous trouvions, ainsi que *la Loire, la Romaine* et *l'Immortalité,* entre les chasseurs, l'*Anson* et la côte, qui nous restait sous le vent à trois lieues.

A trois heures, *la Loire* nous a dépassés et s'est trouvée bientôt à portée de l'*Anson ;* elle a échangé avec lui deux ou trois volées, puis a gagné le large.

De suite, notre tour est venu ; nous avons engagé le combat presqu'à portée de mousquet. On a fait, de part et d'autre, un feu à mitraille très actif et très meurtrier ; mais l'*Anson* avait du 32 et nous n'avions que du 12. Le gaillard d'avant, où était le commandant Potier, a beaucoup souffert ; un sergent-major a été tué à côté de lui. La caronade a été démontée, tous les canonniers tués ou blessés, beaucoup de matelots mis hors de combat et un lieutenant légèrement blessé.

A quatre heures, *l'Immortalité* est venue nous seconder ; mais, supérieure en marche, elle nous a bientôt dépassés et tout le feu de l'*Anson* s'est concentré sur nous.

A cinq heures, nous avons coupé le petit mât qui remplaçait son artimon.

A six heures et demie, *la Romaine* a passé au vent de l'*Anson* et lui a lâché quelques coups de canon en s'éloignant.

Nos manœuvres étaient trop maltraitées pour que nous pussions gagner l'*Anson* de vitesse. A la nuit, l'anglais s'est trouvé si désemparé à son tour, qu'il a mis ses voiles sur le mât et s'est laissé *culer*.

Le combat a fini avec le jour; nous avons suivi l'*Immortalité* toute la nuit.

Une circonstance prouvera, entre mille, le sang-froid des soldats républicains. Il fallait pomper continuellement et quarante hommes étaient groupés autour du grand mât. Eh bien! les pompes ont joué sans interruption au plus fort du combat et le grand mât a reçu plusieurs boulets ramés, à quelques pieds au-dessus des pompes.

Sur le gaillard d'arrière, un boulet a emporté le sac d'un soldat qui était au bastingage et a renversé le chef de brigade Léc.

Le 22 vendémiaire, au matin, nous étions mouillés dans la baie de Donegal, près de l'*Immortalité*, qui a signalé de se préparer à descendre. Le chef de brigade Léc a siégé au conseil de guerre présidé par le général Ménage. Ce conseil a jugé que la descente était impossible.

Sur l'observation que les troupes et l'équipage de *la Résolue* étaient forcés de prendre terre pour échapper à une perte certaine si la frégate continuait à tenir la mer, le capitaine de vaisseau Legrand, commandant *l'Immortalité,* a promis qu'il ne nous abandonnerait pas et que nous pouvions compter sur lui, si nous allégions *la Résolue* en jetant à la mer les fardeaux trop pesants et même les canons. On convint donc de partir à un signal déterminé.

Il est venu des Irlandais à bord nous apprendre que le général Humbert avait été vaincu et fait prisonnier.

A huit heures du soir, on a appareillé. A peine hors de la baie de Donegal, on a aperçu un feu qu'on a pris pour celui de *l'Immortalité;* ce qui nous a engagés à montrer un feu de temps à autre.

Le vent s'est levé; la mer est devenue très grosse.

Le péril augmentant, on a décidé de jeter les canons à la mer; mais auparavant Bargeau a essayé, en les mettant à la serre, de soulager sa frégate.

A minuit, nous avons eu connaissance d'un bâtiment sous le vent. Le capitaine a cru que *l'Immortalité* nous ralliait et a fait diminuer de voiles.

A une heure, ce bâtiment nous a rangés sous le vent, à portée de la voix. Le capitaine l'a hélé, le prenant toujours pour *l'Immortalité ;* mais une volée l'a bientôt tiré d'erreur. Cette bordée a été suivie de beaucoup d'autres, qui ont tué plusieurs hommes dans leur hamac.

C'était le *Mélampus,* frégate anglaise de quarante-quatre canons de 18, capitaine Graham Moore (1). Il a fallu se rendre, hélas !

L'Immortalité (2).

L'Immortalité et *la Résolue* sont allées, de conserve, mouiller, le 22 vendémiaire, à la vue d'un

(1) « L'Anglais a voulu nous mener dans le lac Swilly, mais la tempête l'en a empêché, Nous avons fait le tour de l'Irlande, en courant les plus grands dangers, et surtout en manquant de nous perdre sur le cap Cantive.

Le 28 vendémiaire, nous sommes entrés dans la Clyde, en Écosse, et avons mouillé en rade de Greenock ; de là, on nous a conduits à Édimbourg, et enfin à Peebles, où nous sommes. Nous avons été traités avec les plus grands égards par les généraux et les officiers supérieurs ; nos soldats aussi ; ils sont au château d'Édimbourg, les officiers à Peebles. La conduite de tous, dans cette catastrophe, a prouvé que nous étions dignes d'un meilleur sort et que nous avions droit à la protection du gouvernement français comme à la bienveillance de notre général en chef.

« Dans le régiment de Lee (brigade étrangère) il y a eu cinq tués et neuf blessés, dont le capitaine Molliens, quartier-maitre. Son courage et ses bonnes qualités sont dignes d'éloge. »

(2) *(Rapport au général Hardÿ de l'adjudant général Cravey, embarqué sur* l'Immortalité.)

vaisseau anglais, dans la baie de Donegal, près de Ballyshannon.

Nous aurions pu débarquer sans obstacle, si la prudence l'eût permis. On crut devoir tenter de regagner la France; mais les éléments semblaient conjurés avec nos ennemis pour assurer notre perte.

En sortant de la baie, nous essuyâmes une tempête, qui nous sépara de *la Résolue* et brisa nos mâts, nos vergues et notre gréement, déjà extrêmement endommagés par le feu du vaisseau rasé *Anson*, contre lequel nous nous étions battus pendant une heure et demie, le soir du 21 vendémiaire, après l'affaire du matin.

A peine étions-nous rajustés et en état de tenir la mer que nous fûmes attaqués, le 29, par la frégate anglaise la *Fisch-Guard*, de quarante-huit canons, dont vingt-huit de 18 et vingt de 32.

L'action très meurtrière coûta la vie au général Ménage et au capitaine de vaisseau Legrand.

On amena pour ne pas couler; il y avait six pieds d'eau dans la cale quand l'officier anglais vint nous amariner (1).

---

(1) « Nous avons été conduits à Plymouth, d'où l'on nous a envoyés en cautionnement à Tiverton. Tous les officiers de *l'Immortalité* sont ici, ainsi que quelques-uns de ceux de *la Bellone* et de *la Loire*. »

La Loire.

La Loire, au signal de forcer les voiles, était passée sous le feu du *Foudroyant*, dont la bordée l'avait fort endommagée. Cependant, la frégate, bonne marcheuse, s'était mise promptement hors de portée.

L'*Anson* lui barrait la route; Segond eut la pensée d'attendre *la Résolue*, *la Romaine* et *l'Immortalité* pour assaillir avec elles le vaisseau rasé, dont la perte était certaine. Ses signaux ne furent pas compris et les trois frégates se dérobèrent : *la Résolue* et *l'Immortalité* de conserve, *la Romaine* isolément. Segond, ne pouvant éviter le feu de l'*Anson*, déploya le pavillon anglais au-dessus du sien, pour faire croire que sa frégate était une prise; mais l'ennemi ne s'y trompa pas et lâcha sa bordée. Aussitôt Segond abattit les couleurs anglaises et, toutes voiles dehors, il courut à l'*Anson* pour le canonner si vigoureusement qu'il le désempara et put s'échapper.

La Loire rencontra *la Sémillante;* Segond se rangea sous les ordres du capitaine Lacouture, plus ancien. Mais, à l'approche de trois bâtiments (deux frégates, la *Mermaid* et la *Révolutionnaire*, et une corvette, le *Kangaroo*), Lacouture abandonna *la Loire,* qui ne pouvait pas suivre, et reprit sa liberté de manœuvre.

Le 17 octobre, *la Loire* est atteinte par la *Mermaid,* un des trois bâtiments anglais auxquels elle a échappé, la veille, en maltraitant la corvette. Segond, réduit à ses basses voiles, cloue son pavillon au mât d'artimon, harangue son équipage et accepte le combat. Une bordée, à portée de pistolet, de ses canons chargés à deux boulets, rase deux mâts de la frégate anglaise. Le troisième, resté debout, permet à la *Mermaid* de s'enfuir.

C'était le quatrième combat que *la Loire* soutenait depuis le 21 vendémiaire. Mais elle était criblée comme une écumoire; il n'y avait plus, à bord, ni bois ni cordage.

Attaquée, le lendemain, par l'*Anson* et le *Kangaroo, la Loire* lutta plus d'une heure encore. Segond n'amena son pavillon que quand il eut six pieds d'eau dans sa cale.

Il avait à son bord quarante-six morts et soixante et onze blessés.

La Sémillante, la Romaine et *la Biche* revinrent en France : la première, à Lorient; les deux autres, à Brest.

Le général Hardy, prisonnier de guerre, à sa femme.

A Buncranagh, aux bords du lac Swilly
(nord de l'Irlande)
le 15 brumaire (5 novembre).

Chacun a sans doute déjà fait la gazette sur notre combat naval du 21 vendémiaire.

Je ne veux pas faire de commentaires sur ce que tel ou tel prétend en savoir; il est plus intéressant pour toi, ma bonne amie, d'apprendre que ton mari n'a pas succombé, qu'il n'est pas même blessé, qu'il se porte bien; je désire que ma lettre te parvienne assez à temps pour calmer tes inquiétudes et les dissiper. Nous allons être conduits en Angleterre, où j'espère ne pas rester longtemps, comptant que je serai, avec mon état-major, renvoyé sur parole. Sois sûre, ma mie, que mon désir le plus ardent est de revoler près de toi et de te donner de nouvelles preuves de mon amitié.

P.-S. — Nous n'avons qu'à nous louer des généreux procédés de nos vainqueurs. Ils font tout ce qui est en leur pouvoir pour adoucir notre sort.

Au Directoire.

Nos malheurs auraient trouvé leur terme dans le combat du 21 vendémiaire, si la fortune capricieuse se fût contentée d'une victoire et nous eût permis d'arriver au port. Elle avait résolu de nous éprouver par d'autres revers.

Aussitôt que nous fûmes transférés, les officiers, sous-officiers et moi, à bord du vaisseau le *Robust,* le capitaine voulut faire voile pour Portsmouth, en passant par la mer d'Irlande. Mais les vents se déclarèrent contre nous et nous rejetèrent dans le Nord. Ce n'est que par miracle que nous échappâmes, deux fois, au naufrage, tant sur les îles Bishop's que sur celles d'Écosse. *Le Hoche* nous suivait dans un état si déplorable qu'à chaque instant nous croyions le voir englouti. Il ne lui restait, pour toute mâture, qu'un tronçon, de dix pieds, de son artimon; il n'avait pas six aunes de toile, et l'eau augmentait de plus en plus dans sa cale. La mer était toujours violemment agitée; les vents soufflaient avec une violence extraordinaire. Une frégate, que nous avions rencontrée par hasard et qui avait pris *le Hoche* à la remorque, était, à tout moment, forcée de l'abandonner à la fureur des flots pour ne pas s'exposer à périr avec lui.

Cette tourmente, nous l'avons subie pendant dix-huit jours. Ajoutez que les vivres étant sur le point de manquer, on avait réduit la ration au quart.

Enfin, les vents se calmèrent un peu, et nous pûmes, le 10 brumaire, regagner le lac Swilly, où nous trouvâmes un excellent mouillage. La vue de cette baie redoubla mes regrets, car dix mille hommes peuvent y débarquer facilement et nous aurions trouvé infiniment plus de ressources que je ne m'y attendais en ne consultant que ma carte.

Le lendemain, les adjudants généraux Simon et Wolfe-Tone (dit Smith) furent appelés à terre par le général Cavan, commandant l'arrondissement de Londonderry, qui se trouvait alors au village de Buncranagh. Simon resta vingt-quatre heures chez le général et fut traité avec beaucoup d'égards ; mais on envoya Smith à Londonderry, où il fut jeté dans un cachot et chargé de fers. Dès qu'il m'en eut fait part, je descendis moi-même à terre et j'écrivis à lord Cornwallis la lettre dont je joins ici la copie. J'en adressai une autre à ce malheureux officier pour le rassurer et l'engager à supporter son sort avec courage (1). Malgré mes réclamations, l'adjudant général Smith a été traîné de prison en prison jusqu'à Dublin. Il est doué d'une âme forte et je suis convaincu qu'il déploiera un grand caractère. Mais ses ennemis sont tellement acharnés contre lui qu'on ne saurait prendre des mesures trop promptes pour lui sauver la vie.

Je laisse à votre prudence et à votre sagesse, citoyens Directeurs, le soin de faire en faveur de cet officier les démarches que vous jugerez nécessaires.

(1) A la prison de Derry, 12 brumaire, an VII.

L'adjudant général W. Tone, dit Smith, au général Hardy, commandant en chef l'armée française expéditionnaire.

Général,

A mon arrivée à Derry, j'ai appris avec le dernier étonnement que des ordres avaient été donnés pour me faire mettre aux fers comme un malfaiteur. J'ai écrit en conséquence à lord Cavan, en termes respectueux mais fermes, protestant contre l'indignité méditée contre l'honneur de l'armée française en ma personne, et réclamant mes droits de citoyen et d'officier français. Il ne me reste maintenant que de m'adresser à vous, comme à mon général, représentant ici la grande nation à laquelle j'ai l'honneur d'appartenir, et de réclamer votre intervention auprès du gouvernement anglais, afin que je sois traité comme prisonnier de guerre, avec les privilèges attachés à mon grade, et qu'il me soit permis de partager votre sort et celui de mes braves camarades, comme j'ai eu l'honneur de partager vos périls dans le combat.

Salut et respect.

T. W.-Tone, dit Smith

A lord Cornwallis, commandant en Irlande.

Milord,

L'adjudant général Wolfe-Tone, dit Smith, attaché à l'état-major de l'armée expéditionnaire dont le gouvernement français m'a confié le commandement, et fait avec moi prisonnier de guerre sur le vaisseau *le Hoche*, réclame mon intervention auprès de vous, parce qu'il a été enfermé dans un cachot et chargé de chaînes.

Je n'entre pas dans la question de savoir si vous avez des griefs contre cet officier; mais il est citoyen français, il fait partie de l'armée française, il est prisonnier de guerre et, sous ce triple rapport, il a droit à des égards et à du respect.

J'aime à me persuader, milord, que vous reviendrez à des idées plus justes sur son compte, et que l'esprit de prévention ne l'emportera pas sur la droiture, qui doit caractériser les hommes que le mérite ou la fortune a placés sur un grand théâtre.

L'adjudant général Wolfe-Tone est un honnête homme; sa bravoure et ses actions d'éclat lui ont mérité la confiance du gouvernement français et l'estime de tous les soldats qui ont l'honneur pour guide. Je ne dois donc pas vous cacher la surprise qu'il me cause en m'apprenant que vous le faites traiter ignominieusement comme un scélérat.

Je réclame, au nom du gouvernement français, toute votre équité pour ce malheureux officier.

Si le sort des armes vous a favorisé au combat du 21 vendémiaire, je ne puis croire que vous vouliez vous prévaloir de ce succès pour avilir la nation française dans la personne de son adjudant général Wolfe-Tone.

C'est cependant ce qui résulte de l'acte infamant qui vient d'être commis à son égard.

J'ose espérer, milord, que vous prendrez ma lettre en prompte considération et que je pourrai informer le Directoire exécutif que votre conduite envers l'adjudant général Wolfe-Tone est plus conforme aux principes de la justice.

Général HARDY.

Le vice-roi d'Irlande fit répondre, par son secrétaire, H. Taylor, au général Hardy :

« Son Excellence n'ignore point les égards et les soins qui sont dus aux prisonniers de guerre, que le succès des armes du Roi a fait tomber entre ses mains ; la volonté de Sa Majesté serait mal observée si les officiers français, pris dans le combat du 12 octobre, avaient à se plaindre de notre conduite envers eux.

« Quant à T. Wolfe-Tone, Son Excellence ne le connaît que comme un traître, qui voulait revenir en Irlande pour tenter par la force des armes ce qui n'a pu réussir par ses intrigues, qui n'a cessé d'y semer la rébellion et la discorde, et qui vient enfin d'y être conduit pour recevoir la punition due aux crimes dont il s'est rendu coupable envers son Roi et sa patrie (1). »

Le général Hardÿ passa en Angleterre avec son état-major et ses aides de camp. Son premier soin fut d'améliorer le sort de ses compagnons d'armes.

L'entrepreneur Rocher au général Hardÿ.

Londres, novembre 1798.

Chargé d'un contrat immense, je ne l'ai pas entrepris sans compter sur un profit. Je me trouve trop heureux de pouvoir en répartir une partie sur les braves défenseurs de la République. Ainsi,

(1) « Wolfe-Tone, conduit à Dublin pour y être jugé, déploya un grand caractère dans sa défense. Fidèle aux principes stoïques qu'il avait toujours professés, il envisagea la mort en sage et se la donna lui-même pour épargner à ses nombreux amis la douleur de le voir périr sur l'échafaud. » (JOMINI, *Guerres de la Révolution.*)

permettez-moi, général, de vous renouveler mes offres. Vous dites que les officiers qui sont avec vous ont été pillés et manquent d'habits ; veuillez y pourvoir comme vous l'entendrez et distribuer vous-même les sommes nécessaires. Je mande à mon agent, M. Eboral, de vous fournir l'argent.

Je me flatte, général que vous ne tarderez pas à être rendu à votre patrie et, si vous passez par Londres, j'espère que vous regarderez ma maison comme la vôtre.

Salut et respect.

Le général Hardÿ au citoyen Rocher.

J'ai profité de vos offres. M. Eboral m'a compté cent livres, que j'ai réparties entre ceux de l'armée expéditionnaire qui avaient les plus grands besoins. Ces malheureux devront à votre désintéressement et à votre humanité d'être un peu moins nus et de revoir leur patrie. Nous y emporterons, tous, le souvenir bien doux d'une générosité qui honore à la fois votre patriotisme et votre cœur.

Dès le 12 novembre, Mme Hardÿ, qui attendait anxieusement à Philippeville des nouvelles de son mari, avait été rassurée par cette jolie lettre de son beau-frère, le commandant de Sénarmont :

Lille, 22 brumaire, an VII.

Séchez vos larmes, chère sœur, et ne vous désolez plus. L'expédition n'a pas réussi, comme tout bon Français devait le désirer, mais le gouvernement lui-même a reconnu que l'extrême lenteur dans l'expédition des fonds destinés à la solde des troupes expéditionnaires — (de l'aveu même du Directoire, votre mari n'avait cessé de la réclamer) — a seule fait manquer le concert de cette entreprise avec celle du général Humbert. La gloire du général Hardy est assurée, son honneur intact et sa vie en sûreté.

Plus de chagrin; conservez-vous pour le gage que vous portez de son amour et présentez-lui un petit fanfan, joli comme sa femme.

N'attribuez pas au défaut de souvenir le retard de cette lettre; j'étais très inquiet depuis longtemps. Mais comme je n'aime pas à annoncer les mauvaises nouvelles (surtout celles de ce genre, qui font rire tant de gens, tandis que d'autres ont la mort dans le cœur), j'ai voulu être sûr avant d'écrire, et l'événement prouve que j'ai bien fait.

Croyez-moi votre frère bien dévoué.

A. HUREAU DE SÉNARMONT.

Le commissaire du gouvernement français à Londres, Niou, s'occupait activement de l'échange du général Hardÿ.

Hardÿ à sa femme.

Litchfield, 29 brumaire (19 novembre).

Sois tranquille sur mon sort, ma Calixte. Il ne dépend pas de moi de quitter l'Angleterre ; mais si l'espoir que le commissaire du gouvernement m'a donné n'est pas déçu, je serai bientôt près de toi. Que mes malheurs ne te causent aucune alarme, qu'ils n'influent pas sur ta santé !

Tu as eu de la patience et de la fermeté jusqu'à ce moment ; ne te décourage pas. Le plus beau jour de ma vie sera celui où je te reverrai !

3 frimaire (23 novembre).

Je profite du départ d'un chef de brigade, qui était de l'avant-garde de Humbert, pour t'annoncer que je dois être compris, avec mon état-major, dans le prochain travail de renvoi sur parole des officiers prisonniers. D'après le commissaire français chargé de l'échange, je pourrai partir pour la France dans six jours. Il m'en faudra quatre pour me rendre à Douvres, après un séjour à Londres ; il y a six heures de Douvres à Calais et trois jours de Calais à Paris. C'est dix ou onze jours au plus.

Quand je quitterai Litchfield, cette lettre sera déjà à Calais ou à Gravelines ; elle te sera parvenue avant que je sois à Paris. Je te prie en grâce, ma bonne amie, de ne pas perdre une minute pour m'écrire ; que je trouve de tes nouvelles en arrivant à Paris.

J'ai gagné en mer des douleurs insupportables. Les maux physiques ne peuvent pas se bien guérir quand le mal moral s'y joint !

Mon esprit n'est pas tranquille ; la fibre est tendue ; j'ai sur le cœur un poids énorme. Puisse le retour dans ma patrie dissiper les soucis, la langueur, les perplexités qui m'assiègent !

Calais, 27 frimaire (17 décembre).

Enfin, ma chère Calixte, le pas est franchi ! Hier, à deux heures, j'ai mis le pied sur le sol de la liberté. Tu ne peux concevoir ma joie en sortant de la barque. Je jure bien qu'on ne m'y reprendra pas de sitôt ; et cependant il ne faut jurer de rien (1) !

Je ne saurai qu'à Paris, après avoir vu les direc-

(1) Il partit pour Saint-Domingue un an après son retour d'Angleterre.

teurs et les ministres, combien de temps je resterai dans la capitale ; sois bien persuadée que je terminerai mes affaires le plus promptement possible, afin de te rejoindre.

J'ai quitté Litchfield, avec l'ordre de rentrer en France sur ma parole d'honneur ; mais, en passant à Londres, l'administrateur des prisonniers de guerre m'a remis un *cartel d'échange* contre un colonel, quatre officiers, quatre sous-officiers et dix soldats, vu qu'il n'y avait plus personne de mon grade à échanger.

J'ai demandé le renvoi sur parole de Vallin et de Sauvage, mes aides de camp ; je les ramène tous les deux, ainsi qu'Adrien, mon domestique.

J'ai été bien heureux d'avoir avec moi ce fidèle garçon.

C'est dans le malheur, dans les moments de crise, qu'on apprend à connaître les hommes. Sans Adrien, je me trouverais nu comme un ver et je n'aurais pas un sou vaillant.

Je t'embrasserai bientôt, ma chère et bonne Calixte. Ménage ta santé pour le bonheur de l'époux qui t'adore et dont tu es la vie !

IX

A PARIS

en disponibilité, du **20** décembre **1798** au **24** janvier **1799**.

Paris, 30 frimaire, an **VII** (**20** décembre **1798**)
Maison de Toscane, rue de la Loi.

Je suis arrivé hier au soir à Paris, bien fatigué et souffrant beaucoup.

Pendant que je courais, sur les mers, des dangers toujours renaissants, pendant que je voyais, à tout instant, la mort me guetter, tu avais, toi aussi, tes peines et tes alarmes ! Le ciel a pris pitié de nos malheurs, et tu mets le comble à ma félicité en me donnant un fils (1).

C'est aujourd'hui décadi ; tous les bureaux sont fermés ; je ne pourrai avoir d'audience que demain et peut-être après-demain matin.

(1) Victor Hardÿ, né en décembre **1798**, élève du Prytanée militaire, entré à Saint-Cyr en **1818**, blessé grièvement en Crimée (**1855**), comme lieutenant-colonel du 4ᵉ léger, mort à Caen en **1881**.

3 nivôse (23 décembre).

Je n'ai vu encore que le ministre de la marine, Bruix, avec lequel je suis resté deux heures et dont j'ai été parfaitement accueilli. Il a, ce matin, audience au Directoire et demandera quand je pourrai faire mon rapport. J'imagine que tout cela ne sera pas long; du moins je le désire.

J'irai, tout à l'heure, demander à déjeuner à Barras. Je suis persuadé qu'il sera bien aise de me revoir; quelqu'un de son entourage m'en a donné l'assurance.

7 nivôse (27 décembre).

Je ne sais si je dois la santé à l'air natal, à la joie de revoir ma patrie, au plaisir de me retrouver avec des amis, d'anciens camarades, des compagnons d'infortune, de respirer un air plus libre; mais je me trouve déjà mieux qu'à mon arrivée à Paris.

Je ne m'amuserai pas à courir les bureaux, à faire ma cour aux grands ni à ceux qui les influencent. Je me dépêcherai de terminer mes affaires et je serai tout à toi!

Je ne sais pas quand je pourrai partir. On ne finit rien dans cette maudite ville; les journées sont courtes, les affaires difficiles à terminer.

Croirais-tu que je n'ai pas encore vu Schérer, le ministre de la guerre? Ce citoyen n'est pas, à la vérité, d'un facile accès, surtout dans ce moment où il arrange ses comptes (1).

Je vais à l'instant chez Larevellière.

9 nivôse (29 décembre).

Mes affaires ne sont pas compliquées : j'ai à toucher les trois mois d'appointements qui me sont dus, à présenter au ministre de la guerre, en un mémoire de dix lignes, l'exposé d'un fait très clair, qui est le pillage de l'argent que le gouvernement m'avait donné pour les dépenses secrètes de mon expédition ; j'ai à recevoir une nouvelle destination (je crois qu'il est déjà décidé que je rejoindrai Jourdan).

Tout cela paraît n'être pas grand'chose ; eh bien! ma bonne amie, dix jours se sont écoulés depuis que je suis à Paris et rien ne se termine. On me dit : « C'est fort bon, c'est fort juste ; c'est

(1) Le général de division Schérer, le vainqueur de Sprimont et de Loano, était ministre de la guerre depuis le 23 juillet 1797. Le Directoire lui demanda de réprimer les désordres de l'administration aux armées ; il trouva la tâche au-dessus de ses forces et remit son portefeuille, le 21 février 1799, au général de brigade Milet de Mureau, pour prendre le commandement de l'armée d'Italie.

« fort clair, c'est entendu ; nous finirons cela de-
« main ou après-demain ; venez dîner chez moi tel
« jour. Au reste, vous avez besoin de repos et il
« n'y a rien qui vous presse ! »

Oui, sans doute, j'ai besoin de repos ; mais c'est
auprès de ma femme et de mon fils que j'en veux
goûter les douceurs.

Larevellière-Lepeaux m'a fort bien reçu.

Je te loue beaucoup de nourrir ton fils. C'est
pour une bonne mère une peine qui se change en
plaisir et le plus sûr moyen de communiquer à
notre enfant les belles qualités de ton cœur.
Puisse-t-il te ressembler, c'est mon vœu le plus
cher !

13 nivôse (2 janvier 1799).

J'ai dîné chez Schérer. Je lui ai remis mon
mémoire et lui ai demandé mes trois mois d'appointements.

L'adjudant général Simon, mon chef d'état-
major, retourne, ce matin, chez lui ; il en rappor-
tera toutes les pièces qui doivent servir à me faire
payer. J'enverrai demain à la Trésorerie et si,
dans trois ou quatre jours, je puis avoir l'ordre de
départ pour ma nouvelle destination, je te rejoindrai. Que ce projet ne t'empêche pas de m'écrire

tous les deux jours ; j'éprouve, ma Calixte, un plaisir infini à lire tes lettres et tu ne peux concevoir mon inquiétude quand tu manques un courrier.

Juges-en par toi-même : à combien de tribulations n'as-tu pas été en butte pendant mon voyage et que penses-tu que j'aie souffert de n'avoir pu recevoir de tes nouvelles ni te donner signe de vie ?

Vois, dans ma bibliothèque, combien j'ai de volumes de l'*Histoire naturelle de Buffon*. Examine les différents règnes. Combien de volumes des oiseaux ; combien de l'histoire générale. Copie le titre, afin que je sache si c'est une édition de Paris ou d'ailleurs et de quelle année ; je veux compléter cet ouvrage. Il manque un volume des *Mémoires de Feuquières*.

Quel est celui que nous avons des deux tomes du *Voyage de Forster sur le Rhin ?*

15 nivôse (4 janvier 1799).

Je devais terminer hier avec le ministre de la guerre ; mais les heureuses nouvelles arrivées d'Italie (1) l'ont conduit au Directoire et m'ont

(1) La conquête de Naples par Championnet.

privé de l'audience qu'il m'avait accordée ; cela me retarde encore de plusieurs jours.

Les membres de l'Institut national (1) m'ont invité à assister à leur séance de ce soir ; je n'y manquerai pas.

19 nivôse (8 janvier).

S'il n'eût dépendu que de moi, je ne serais pas resté plus de vingt-quatre heures à Paris ; mais les choses les plus simples rencontrent, à chaque instant, des entraves ; un accident imprévu se présente ; une minute se perd et, avec elle, l'occasion favorable. Un rien vous rejette à dix et quinze jours ; c'est insupportable !

La municipalité de Mouzon demande ton portrait et le mien pour sa salle des séances. Je n'ai

(1) L'*Institut national des sciences et des arts* avait été fondé, en octobre 1795, par le décret de la Convention qui organisait l'instruction publique. Il était destiné : 1° à perfectionner les sciences et les arts par des recherches non interrompues, par la publication des découvertes, par la correspondance avec les sociétés savantes et étrangères ; 2° à suivre les travaux scientifiques et littéraires ayant pour objet l'utilité générale et la gloire de la République. Il était divisé en trois classes : *Sciences physiques et mathématiques, sciences morales et politiques, littérature et beaux-arts.*

Dans la séance publique du 4 janvier 1799, l'Institut national arrêta le programme des prix à distribuer pour les sciences et pour les arts.

pas le temps de lui faire un pareil cadeau et il ne faut jamais trop se presser en pareille matière. Cependant je suis infiniment flatté de cette marque d'estime.

25 nivôse (14 janvier).

Je t'avais annoncé que je partirais le 25 ou le 26, et je croyais pouvoir le faire. J'ai touché mes appointements ; je recevrai aujourd'hui mes frais de poste pour me rendre à l'armée. Hier, je faisais mes adieux à Schérer ; il m'a demandé quand je m'en allais.

— « Après-demain ! lui dis-je.

— « Comment, vous n'attendez pas vos indem- « nités? Je vous conseille cependant de suivre cela « vous-même, afin d'être plus sûr de toucher votre « argent. »

Je n'en revenais pas ! Mais il augmenta ma surprise en m'apprenant qu'il avait demandé au Directoire une indemnité de trois mille francs pour me remonter.

L'arrêté lui en reviendra le 27. Bonne aubaine !

Les directeurs m'engagent à choisir l'armée où je dois être employé. J'ai répondu que je n'avais pas l'habitude de préférer un poste à un autre et que je ne savais qu'obéir. Larevellière m'a dit alors :

— « Comme vous avez longtemps servi au
« Rhin, vous ne seriez peut-être pas fâché d'aller
« rejoindre Jourdan ! »

Et me voilà désigné pour l'armée de Mayence !

J'en suis d'autant moins fâché que cela me pro-
curera le plaisir de m'arrêter à Philippeville, de
me reposer près de toi, au sein de la famille, de
vous raconter mes peines, mes malheurs, et d'en
trouver ensemble l'oubli.

Je serai à portée de l'armée; j'écrirai à Jourdan et, dès que ma présence deviendra nécessaire,
je me rendrai où l'honneur et le devoir m'appel-
leront.

27 nivôse (16 janvier).

Je quitterai Paris après-demain. J'ai roulé toute
la journée d'hier pour faire tes emplettes; j'espère
que tu seras contente.

Avec quelle joie je m'acheminerai vers le lieu
qui a vu naître notre fils! Qu'il me tarde de vous
serrer tous les deux dans mes bras !

Dormans, 1er pluviôse (20 janvier).

Nous sommes arrivés, Vallin et moi, chez son
vieux père, à une heure après minuit. Tout le
monde pleurait de joie dans cette respectable
demeure des meilleures gens du monde.

J'ai à m'occuper de notre domaine de Troissy que je fais embellir et meubler. J'ai acheté à Paris un mobilier fort simple, mais qui ne manque pas d'élégance ; il sera digne de toi, ma belle adorée !

Je passerai le 5 et le 6 à Épernay, où tant d'amis m'attendent (1). Je coucherai, le 7, à Reims ; le 8, à Mézières ; je dînerai, le 9, à Philippeville, avec vous. Quelle joie !

Les Vallin m'ont chargé d'un million de tendresses pour toi ; je ferai la commission moi-même !

Hardÿ séjourna à Philippeville jusqu'aux premiers jours de mars, où Jourdan l'appela à Strasbourg pour la campagne de printemps de 1799.

L'Angleterre, l'Autriche et la Russie s'étaient coalisées. Elles avaient fomenté des troubles en Belgique et en Hollande, réuni sur le Rhin 26,000 hommes sous le général Hotze ; 78,000 en Bavière sous l'archiduc Charles ; 46,800 dans le Tyrol sous Bellegarde ; 75,000 sur l'Adige sous Kray. Souvarow était en marche pour renforcer Kray avec 60,000 Russes.

Le Directoire s'était préparé à la guerre par une levée de 200,000 conscrits. Résolu à prendre partout l'offensive et à déconcerter, comme en 1794, la coalition par l'audace de ses attaques, il voulait lui op-

(1) Hardÿ commandait à Valmy le bataillon des volontaires d'Épernay.

poser 300,000 combattants : 20,000 en Hollande sous Brune, 40,000 sur le Rhin, sous Bernadotte; 80,000 vers le Danube, sous Jourdan; 40,000 en Suisse, sous Masséna; 80,000 en Lombardie, sous Schérer; 40,000 à Naples, sous Macdonald; sans compter les garnisons des places fortes.

Jourdan ferait le principal effort sur le Danube; Bernadotte et Masséna lui seraient subordonnés et combineraient leurs opérations avec les siennes. Mais Jourdan n'avait que 39,000 hommes à opposer à l'archiduc Charles; Bernadotte n'avait pas pu en réunir 6,000. Masséna, qui en avait 30,000, était seul en état de soutenir la lutte et d'établir, vers le haut Adige, la jonction de l'armée d'Italie avec celle du Danube.

X

ARMÉE DU DANUBE

du 13 mars au 1er mai 1799.

Strasbourg, 23 ventôse, an VII (13 mars 1799).

J'arrive à dix heures du matin à Strasbourg et n'y trouve plus un chat. L'armée marche à pas de géants; je ne sais où ni quand je la rejoindrai.

Après-demain, je partirai pour Bâle, d'où je rejoindrai Jourdan à Schaffouse, sur le haut Rhin. Son armée est maintenant réunie à celle de Masséna; elles marchent ensemble vers le Danube (1).

Il m'eût été impossible de brûler Mouzon, car

(1) Jourdan avait franchi le Rhin, le 1er mars, et débouché par la Forêt Noire entre le Danube et le lac de Constance, d'où il se reliait à Masséna.

Pour attendre Bernadotte, qui ne pouvait pas le rejoindre avant un mois, Jourdan, très inférieur en nombre, prit position derrière les torrents de l'Aach et de l'Ostrack, sa droite à Darendorf, son centre à Sfullendorf, sa gauche à Mengen.

la municipalité, la garde nationale avec tambours et musique, et les trois quarts de la population sont venus au-devant de moi, à une bonne demi-lieue. Ils ont fait tirer le canon (c'est-à-dire leurs boîtes) à mon entrée, et m'ont conduit à l'hôtel de ville.

J'ai ouvert le bal, que la commune donnait à la jeunesse pour qu'elle se rappelât mon retour en France et la joie qu'en ont témoignée mes compatriotes.

Le lendemain, à Verdun, j'ai vu le général Bonnet, qui y commande; sa femme est avec lui.

Quand j'aurai réuni ce qui m'est nécessaire pour entrer en campagne, je ne m'arrêterai plus que je n'aie trouvé l'armée.

Bâle, 4 germinal (24 mars).

J'ai couru jusqu'en Souabe après Jourdan. Je l'ai trouvé à deux lieues du Danube.

Il n'y a pas d'amitiés qu'il ne m'ait faites.

Deux jours après mon arrivée, nous avons eu un combat très chaud, qui a duré deux jours entiers et a été assez meurtrier de part et d'autre. Nos troupes, qui avaient devant elles des forces sextuples, ont fait des prodiges de valeur. Ce n'est que quand l'ennemi a reçu un renfort écrasant qu'elles ont cédé le terrain, mais avec tant de sang-froid, d'intrépidité et d'ordre, qu'on ne peut pas dire qu'elles aient battu en retraite. Elles n'ont fait que changer de position (1).

Jourdan a eu un cheval tué sous lui ; Lefebvre a été blessé d'une balle qui lui a traversé la main, a glissé entre cuir et chair le long de l'avant-bras et s'est arrêtée au coude ; il n'en sera pas estropié.

J'aime, quand j'entends le canon, à me trouver sur le champ de bataille. J'ai voulu faire le brave et m'y rendre ; mais il a fallu en rabattre, car je n'ai pu tenir à cheval.

Jourdan, jugeant bien ma situation, exige que je soigne ma santé avant de reprendre la campagne.

J'ai eu beau protester, il m'a répondu que mes maux provenaient des fatigues de la guerre, que mes camarades me connaissaient et savaient m'apprécier, qu'en conséquence, je ne devais pas hésiter à me guérir.

Bien malgré moi, j'ai obéi, et me voilà, ma

(1) Le **21** mars (1er germinal) au matin, l'archiduc Charles attaqua, avec cinquante mille hommes en trois colonnes, le pont d'Ostrack, défendu par la division Lefebvre. Après deux jours de combats acharnés, les Autrichiens réussirent à passer l'Ostrack et à refouler les Français sur la position centrale de *Pfullendorf*, d'où ils ne purent pas les débusquer.

bonne amie, sur la route de Plombières, où la Faculté m'envoie prendre les eaux. Je me mettrai à un régime tel qu'il faudra que les bains emportent la maladie ou le malade. Un médecin, que je viens de consulter, m'avertit que je ne pourrai prendre les eaux de Plombières que dans deux mois et me détermine à aller à Baden (1), en Argovie, où la saison est commencée. Je serai demain à Aarau, après-demain à Baden.

Baden, 8 germinal (28 mars).

Je n'ai fait qu'entrevoir mes hôtesses : une vieille veuve, qui paraît assez prévenante, et ses trois filles édentées, d'une laideur repoussante. Une seule, ex-religieuse, parle un peu le français.

Je suis logé assez mesquinement; cependant ma chambre me plait parce qu'elle a vue sur un petit jardin qui est à ma disposition, et que je n'ai pas besoin de quitter le corps de logis pour me baigner. En cette saison encore froide, il serait dangereux de s'exposer au grand air en sortant de l'eau thermale qui est bouillante. Au reste, j'habite le pays le plus pittoresque, le plus varié, le plus bizarre par sa nature et ses productions.

(1) Sur le Limmat, au nord-ouest de Zurich; *Aquæ Helvetiæ* des Romains.

Elle est vraiment extraordinaire, cette Suisse ! l'œil n'y est jamais rassasié.

Le hasard m'a fait rencontrer un excellent ouvrage sur le Tyrol ; j'en ai fait l'acquisition.

Je suis sûr qu'il n'y en a pas six exemplaires en France.

Bâle, 15 germinal (4 avril).

Me voilà de retour à Bâle. Il ne m'a pas été possible de rester dans le cloaque affreux de Baden. La tristesse du séjour, le froid excessif (il y a en ce moment un pied de neige, et tous les jours il en tombe), l'extrême malpropreté de la maison des bains, le prix exorbitant de mon traitement, le logement plein de vilenies, tout cela m'a chassé. Je vais attendre à Bâle la saison de Plombières.

J'ai peu de nouvelles de l'armée. Jourdan, après trois jours de combats (1), n'étant pas en

----

(1) Jourdan, réduit à 35,000 combattants, avait quitté Pfullendorf pour prendre position plus en arrière, à Engen, entre le Danube et le lac de Constance. Les 70,000 Autrichiens de l'archiduc Charles s'étaient établis en face lui à Stokach. Il les attaqua le 25 mars (5 germinal). Ses admirables troupes, conduites par Saint-Cyr, Souham, Leval, Férino, d'Hautpoul, Mortier, Decaen, Turreau, auraient gagné la bataille, malgré l'énorme infériorité du nombre et de l'artillerie, sans l'habileté, le sang-froid et le coup d'œil de l'archiduc

forces, s'est replié sur la Forêt Noire, où il attend
les secours qui lui sont indispensables. La droite
de Masséna a eu beaucoup de succès chez les Grisons et dans l'Engadine.

En Italie, Schérer a très heureusement commencé la campagne, Vérone est prise (1); les
États vénitiens ne peuvent tarder à tomber et le
général Sérurier (2) fera bientôt parler de lui.

18 germinal (7 avril).

L'armée du Danube, trop faible pour tenir plus
longtemps les positions qu'elle avait prises en
avant de la Forêt Noire, vient de se retirer dans
ses lignes (3). Mais j'imagine qu'elle ne tardera

Charles. Neuf mille morts, dont cinq mille Français, jon-
chèrent le champ de bataille de *Stokach.*

(1) Vérone n'était pas prise. Schérer avait forcé la ligne de
l'Adige le 26 mars (6 germinal) et obligé Kray à se concentrer
autour de Vérone. Mais le général autrichien, profitant des
hésitations de son adversaire, prit l'offensive et gagna, le 5 avril
(16 germinal), la bataille de *Magnano,* qui rejeta les Français
derrière l'Adda.

(2) La division Sérurier, qui opérait dans les Etats de
Venise, avait été rappelée sur l'Adige par Schérer, au début des
opérations.

(3) Sur le Rhin, entre Kehl et Neuf-Brisach, où le chef
d'état-major Ernouf la conduisit, après le départ de Jourdan
pour Paris. Elle n'était plus en état de résister à une nouvelle
attaque de l'archiduc Charles, et Ernouf s'en croyait menacé.

pas à reprendre l'offensive, surtout si elle reçoit les renforts qu'elle attend et si l'armée d'Italie continue ses succès.

On m'assure que Jourdan est à Strasbourg, malade et souffrant beaucoup de la chute qu'il a faite, lorsque son cheval fut tué sous lui au combat du 1ᵉʳ germinal (21 mars).

21 germinal (10 avril).

Quand j'ai essayé de monter à cheval, il m'a été impossible d'y tenir. Je criais comme un aveugle qui a perdu son bàton et, en descendant, je ne pouvais plus me remuer ni rester debout; je n'étais pas même bien dans mon lit. Je compte que Plombières me tirera de là.

27 germinal (16 avril).

Jourdan est à Paris. Il est allé demander au Directoire s'il veut enfin lui donner les renforts qu'il lui avait promis pour l'exécution de son plan de campagne. S'il obtient le nécessaire, il ne tardera pas à revenir; dans le cas contraire, je ne crois pas qu'on le renvoie (1). En attendant, Masséna commande les deux armées du Danube et d'Helvétie. Je l'ai vu deux fois, depuis qu'il a établi son

____

(1) On ne le revit plus à l'armée. Il donna sa démission de général en chef et reprit son siège au *Conseil des Cinq-Cents*.

quartier général à Bâle; il m'a fait beaucoup d'accueil. Toute l'armée remonte le Rhin et, sous peu, il y aura une affaire, dont il est bien à désirer que les résultats nous soient favorables.

1er floréal (20 avril).

Vallin m'écrit qu'il visite souvent notre maison de Troissy; on travaille activement aux nouveaux murs du jardin, qui est fort bien tenu. Mets-toi au ménage, ma bonne amie ; tu pourrais te trouver maîtresse de maison à la fin de cette campagne.

Je suis à peu près déterminé à transférer mon quartier général à Troissy, après la guerre.

Là, je n'aurai pas à me récrier, à tout moment, contre des injustices révoltantes. J'emporterai dans ma retraite une âme tranquille, une conscience pure et exempte de reproches; je remplirai mes devoirs de bon citoyen; je ferai aux malheureux le plus de bien que je pourrai et, dans mon modeste manoir, je mépriserai les hommes, leurs caprices et leur ingratitude. Je passerai des jours paisibles et sereins, dont l'amour et l'amitié feront tout le charme.

6 floréal (25 avril).

Le 11e régiment de chasseurs passera ici le 9.

J'en profiterai pour retenir Hufty (1) et le placer de suite auprès de mon bon ami le général Ney, à qui Masséna a donné le commandement de six régiments de cavalerie, dont le 11ᵉ chasseurs. Hufty sera bien là, pendant mon séjour à Plombières. J'écris à Vallin de venir passer deux ou trois jours avec moi ; je l'enverrai ensuite à Ney, qui me le demande et l'aime beaucoup.

8 floréal (27 avril).

On assure que notre armée d'Italie a, ces jours derniers, remporté une victoire brillante (2). Les renforts qui arrivent journellement à la nôtre nous présagent des succès prochains. Tout enfin me fait un devoir impérieux de ne pas quitter la partie.

Je cours chercher ma guérison à Plombières,

---

(1) Frère de Mme Hardÿ ; il s'était engagé au 11ᵉ chasseurs.

(2) Fausse nouvelle. Ce même jour, 27 avril, Moreau, qui avait remplacé, dans le commandement de l'armée d'Italie, Schérer démissionnaire, perdait la bataille de *Cassano*. Il avait eu le tort, au lieu de se concentrer en Piémont, et de se relier à l'armée d'Helvétie, de vouloir défendre, avec moins de trente mille hommes, la ligne de l'Adda, depuis Como jusqu'à Cassano. Attaqué sur un front de vingt lieues par les cent mille Austro-Russes de Souvarow, il avait été vaincu et obligé de chercher un refuge derrière le Tessin, en abandonnant Milan. C'était un désastre au lieu d'une victoire.

afin de partager les travaux de mes compagnons et leur gloire. Mais après, je rejoindrai mon amie pour ne m'en plus séparer.

12 floréal (1er mai).

J'ai pris congé de Masséna hier; il m'a fait beaucoup d'amitiés et nous nous sommes séparés en nous embrassant.

Je partirai demain pour Plombières.

Le grand quartier général se rend à Zurich. Masséna ne tardera pas à agir; il lui est venu quelques renforts.

Mon dessinateur, Maurice, m'écrit qu'il fait deux aquarelles de mon combat naval. L'une représente le transport de l'état-major et des officiers du *Hoche* sur le *Robust;* l'autre, *le Hoche,* remâté avec un bout de vergue et quelques lambeaux de voile, traîné à la remorque.

XI

AUX EAUX DE PLOMBIÈRES

du 6 mai au 1ᵉʳ juillet 1799.

Plombières, 17 floréal an VII (6 mai 1799).

Me voilà installé à Plombières. J'ai commencé à me baigner ce matin et me suis mis à la disposition du médecin de la station, qui connaît parfaitement l'usage des eaux; il m'a assuré qu'en moins d'un mois je serai guéri.

Il n'y a encore personne aux bains. Il m'en coûte quinze francs par jour pour mon domestique et pour moi, tout compris. Qu'à cela ne tienne, si je dois être bientôt quitte de mes douleurs.

23 floréal (12 mai).

Aie pitié d'un misérable reclus ou perclus, car je suis l'un et l'autre. Il y a dix grands jours que je suis ici; j'ai pris huit bains et ne suis pas plus avancé qu'en arrivant. Je vais faire poser des

sangsues sur mes reins pour les dégager. Ensuite,
les douches; c'est-à-dire que je m'étendrai sur
une paillasse et que je recevrai de l'eau chaude
de quinze pieds de hauteur. Si cette épreuve ne
suffit pas, je me mettrai à l'étuve. C'est un cabinet
où l'on aspire de la vapeur; l'homme le plus ro-
buste peut à peine y rester quinze minutes. J'aimerais mieux être à l'armée, me battant tous les
jours, que de passer par de pareilles épreuves.

17 prairial (5 juin).

Je jouais au billard avec Hufty et Pierlot, mon
secrétaire, quand on est venu m'apporter ta lettre.
J'ai bien vite quitté le jeu pour te répondre. Hufty
et Pierlot se trouvent, depuis hier, près de moi,
parce que mon bon ami Ney a reçu trois blessures
à l'affaire du 8 prairial (1), et qu'il a été forcé de
se retirer sur les derrières de l'armée pour se faire

(1) Masséna avait pris position sur la Limmat, entre Bâle et
le Saint-Gothard. Il faisait face aux quarante mille hommes de
l'archiduc Charles et aux vingt-huit mille du général Hotze,
séparés par le lac de Constance, et dont il voulait empêcher la
jonction.

Du 22 au 27 mai (3 au 8 prairial), il livra aux Autrichiens
une série de combats, où la victoire fut chèrement disputée.

La supériorité du nombre eut raison des efforts de Turreau,
Oudinot, Ney, Paillard et Soult, qui, après quelques succès
partiels, ne purent empêcher l'archiduc et Hotze de se réunir.

guérir. Alors, comme il ne pouvait plus rien pour mon beau-frère et mon secrétaire, il me les a envoyés.

Je compte rester encore quinze jours à Plombières. Ensuite, j'écrirai à Masséna pour qu'il me donne le commandement d'une place, à portée de l'armée, afin de laisser aux eaux le temps de faire leur effet.

Tu me dis que tu es devenue maigre et laide ! Maigre, c'est possible, mais tu n'es pas laide, tu ne le seras jamais à mes yeux :

La beauté de la rose ne dure qu'un moment !

Mais la bonté, la tendresse et l'amabilité subsistent. Quand on a ton âme, on est toujours belle ! Que ta figure change, ma Calixte, qu'importe, si ton cœur me reste !

22 prairial (10 juin).

Notre armée a eu, le 16, une affaire terrible (1), dans laquelle Chérin, chef d'état-major, a été dan-

(1) Une bataille générale fut livrée, le 4 juin (16 prairial), autour de Zurich. Elle resta indécise; Masséna abandonna la ligne de la Limmat, pour s'établir plus en arrière, derrière la Reuss, sur la chaîne de l'Albis. L'archiduc Charles établit, le 8 juin, son quartier général à Zurich. La Limmat séparait les deux armées.

gereusement blessé, et Debilly a reçu une balle à l'épaule. C'est tout ce que j'en sais.

3 messidor (21 juin).

Ney est ici depuis avant-hier ; il est venu prendre les eaux pendant une quinzaine pour accélérer sa guérison ; ses plaies se cicatrisent et, dans un mois, il retournera à son poste. Il ne loge point à mon auberge, mais nous y vivons ensemble, et Hufty avec nous.

5 messidor (23 juin).

La tyrannie et le despotisme révoltant du Directoire sont obligés de plier devant la loi (1) ! La Justice va donc reprendre son empire ! Nos maux sont grands, mais pas sans remède ; les circonstances sont pénibles, nous vaincrons les difficultés. Avec de l'énergie, du courage et un dévouement qui ne sera plus enchaîné ni vexé, nous pouvons encore triompher de nos ennemis ! Qu'on punisse

(1) Le 30 prairial (18 juin), le Conseil des Anciens et celui des Cinq-Cents avaient renouvelé le pouvoir exécutif. Après les démissions successives de Rewbell, Treilhard, Merlin et Larévellière, le nouveau Directoire se composait de Barras, Sieyès, Gohier, Roger-Ducos et du général Moulins. Bernadotte, nommé ministre de la guerre, devait être remplacé à l'armée du Rhin par Muller. Moreau cédait à Joubert le commandement de l'armée d'Italie, vaincue à la Trebbia par Souvarow, les 18, 19 et 20 juin, mais il continuait à y servir en volontaire.

les grands scélérats qui ont laissé nos malheureux soldats dans un dénûment horrible, qui ont vendu les habits qui devaient les couvrir, les chevaux qu'ils devaient monter, les armes avec lesquelles ils devaient terrasser les barbares qui veulent anéantir notre belle patrie.

Qu'on fasse pleine et éclatante justice des *rapinots;* qu'on ne permette plus au Directoire de trafiquer impudemment de la réputation, de l'honneur des hommes qui ont sacrifié leur sang, leur santé, tout au monde, pour le bonheur de leurs concitoyens ; qu'on sévisse vigoureusement contre la horde des vautours, des vampires, des voleurs ; qu'on les marque au visage ; qu'on les promène du nord au midi, de l'est à l'ouest ; qu'on les expose à l'exécration de ce peuple, bon, généreux, magnanime et trop confiant ; et je dirai, malgré le délabrement de nos finances, malgré la pénurie de nos armées :

« La France est sauvée ! »

Mais surtout que la loi atteigne les fripons et les sangsues du peuple ; qu'on les mette sous presse et qu'ils dégorgent !

Cette mesure est indispensable ; elle frappera quelques individus, mais elle assurera le salut public.

Le jour de l'auguste et éternelle Vérité luit enfin ; ou, du moins, j'en aperçois l'aurore !

9 messidor (27 juin).

Je reviens d'Épinal, où j'ai passé deux jours pour me distraire. L'administration centrale, les membres des tribunaux et les autorités m'ont donné un dîner superbe ; j'ai eu toutes les peines du monde à leur échapper. Les dames s'étaient coalisées pour me retenir ; on avait caché les chevaux de poste. Je ne sais, en vérité, où j'ai pu mériter tant de témoignages d'estime et de considération ; j'en ai reçu à en être confus. Que l'article des dames ne te chatouille pas, ma bonne Calixte ; elles sont, à la vérité, fort gentilles, point bégueules, point ridicules, bonnes femmes, tendres mères comme toi ; mais je faisais des comparaisons et me disais :

« Ma bien-aimée Calixte l'emporte sur tout cela ! »

On a vu ton portrait ; on t'a trouvée charmante, on veut que je te fasse venir. On te fera danser, on cherchera tous les moyens possibles de t'amuser.

Je ne me suis encore engagé à rien, parce que, dans notre état, il est défendu de former des projets, les événements qui se succèdent avec la rapidité de l'éclair pouvant, d'un moment à l'autre, détruire les châteaux en Espagne de notre imagination.

Dans trois ou quatre jours, je partirai pour Bâle, où j'espère que Masséna me fera passer ses ordres. Vallin doit arriver le 12, au plus tard.

Tu me conseilles d'éloigner de moi jusqu'à la pensée de la retraite. Ton avis est bon, je le suivrai ; les circonstances difficiles où nous sommes m'en font d'ailleurs un devoir impérieux. Ce qui vient de se passer, l'acte vigoureux du Corps législatif, la chute des tyrans, la punition probable des grands coquins nous sont d'un heureux présage.

Les fers de mon ami Championnet (1) sont brisés. Tout va reprendre une face nouvelle ; nos

---

(1) Sur la dénonciation de Faypoult, commissaire du Directoire, Championnet, général en chef des armées d'Italie et de Naples, avait été destitué, emprisonné et traduit devant un conseil de guerre, par arrêté du 7 ventôse an VII (25 février 1799).

Il était accusé « d'avoir employé l'autorité dont il était investi par le Directoire exécutif et la force mise à sa disposition, pour empêcher l'action du pouvoir confié au commissaire civil près de l'armée de Naples, et de s'être mis, par là, en révolte ouverte contre le gouvernement ».

Duhesme et Broussier, qui avaient aidé Championnet à conquérir le royaume des Deux-Siciles, déplaisaient également à sacrifices ne seront pas perdus ; la Liberté restera debout, triomphante. Oh ! ma bien-aimée Calixte, peu s'en faut que je ne sois guéri !

Tu vas donc partir pour Lille, où t'attend ta sœur de Sénarmont ; tu y feras les beaux bras, les beaux jours ! Tant mieux ; puisses-tu t'amuser autant que je le désire pour ta santé et ta satisfaction ! Tu mettras probablement une perruque blonde ; cela sera joli au-dessus de tes sourcils noirs. C'est ce qui s'appelle « trancher ». Il faut suivre la mode ; il est de mauvais ton, aujourd'hui, de porter une perruque de la couleur de ses cheveux ; cela est trop naturel ! Vraiment, les perruques blondes donnent un air de fadeur, de langueur ; on ne se fait pas d'idée de ça ! Les perruques sont fort commodes, j'en conviens de bonne foi ; mais conviens aussi que les femmes sont, pour la plupart, frappées de vertige. Tout ce que je te dis là, ma charmante amie, n'est qu'une plaisanterie ; ne va pas croire que j'aie l'intention de t'empêcher de porter perruque ! Dieu m'en garde, puisque ça t'amuse !

Faypoult. Ils partagèrent la disgrâce de leur général en chef, qui fut remplacé par Macdonald. Le nouveau Directoire fit sortir Championnet de prison et lui donna, en juin, le commandement de l'armée des Alpes.

Bon voyage! Rétablis ta santé, amuse-toi bien et conserve-moi ton cœur. Le mien t'appartient ; c'est une propriété sur laquelle je n'ai plus de droits. Je t'embrasse, avec Victor, aussi fort, aussi tendrement que je vous aime tous les deux.

XII

CAMPAGNE D'HELVÉTIE

du 3 juillet au 28 août 1799.

Le général Hardÿ à sa femme.

Bâle, 20 messidor an VII (8 juillet 1799).

Il y a cinq jours que je suis ici, retour de Plombières. Masséna m'appelle à son quartier général pour me donner le commandement de la réserve. Il m'assure que cela ne nuira en rien au rétablissement de ma santé ; cependant, cette réserve est sur la ligne. J'établirai mon quartier général à Mellingen. Les généraux Férino et Souham auraient désiré me conserver ici ; ils avaient écrit à Masséna de me donner le camp retranché en avant de Bâle ; leur démarche était inutile. Treillard, qui est près d'ici avec son 11ᵉ chasseurs, claquait déjà les mains, dans l'espoir de se retrouver sous mes ordres. J'aurais été charmé d'avoir encore ce régiment, avec lequel j'ai fait trois campagnes consécutives et dont je possède la confiance.

Aarau, 23 messidor (11 juillet).

J'ai repris hier le collier de misère, et aujourd'hui, pour la première fois depuis un an, je suis remonté à cheval. Masséna m'a parfaitement reçu ; il m'a même donné à entendre que, sous peu, je serai divisionnaire. Je serai tout ce qu'on voudra ; je ne cherche pas les places et, quelle que soit celle qu'on me destine, j'y remplirai mes devoirs sans autre but que le salut de ma patrie et le bonheur de mes concitoyens.

Je voulais m'établir à Mellingen ; cette destination a été changée lors de mon passage au grand quartier général.

Masséna compose mon corps de réserve d'environ quinze mille hommes et y joint la brigade Humbert, qui est à Mellingen. Je suis donc venu m'établir à Aarau et, demain, je ferai camper les premiers bataillons qui arriveront.

J'ai vu presque tous mes camarades en passant sur la ligne et n'ai eu qu'à me louer de leurs procédés.

Nous sommes dans un triste pays, chez des

péquins qui ne nous aiment pas et que nous payons de retour.

Fribourg, 25 messidor (13 juillet).

Voilà mes troupes qui arrivent ; je descends de cheval et n'ai que le temps de te dire que je me porte bien, avant d'y remonter.

Je suis à peine arrivé en Suisse et déjà j'ai parcouru le pays d'une extrémité à l'autre. Me voilà transporté sur le lac de Genève, aux lieux rendus célèbres par les amours d'Héloïse.

Vevey, 3 thermidor (21 juillet).

Je ne suis pas loin de Charens ; Lameillerie est tout près, et j'envoie aujourd'hui des troupes à Sion !

Je ne m'extasie pas, comme Jean-Jacques, à la vue des vallées riantes, des coteaux charmants, de tout ce que la nature offre ici d'enchanteur et de bizarrement beau ; des idées plus noires hantent mon cerveau. Ce pays, si délicieux autrefois, n'offre plus la moindre ressource ; les troupes ne sont pas certaines d'y trouver de quoi vivre au jour le jour. Ceux qui, les premiers, ont occupé le Valais (1) ont tout fait pour nous rendre odieux

(1) Au début de ses opérations, Masséna avait détaché le général Xaintrailles, avec quelques bataillons, dans le Valais,

aux habitants et ils y ont parfaitement réussi. Tu vois que ma position n'est pas gaie ! Je ferai néanmoins en sorte de m'en tirer. Oh ! le détestable métier que la guerre en pays allié ! Comme j'aimerais mieux la Forêt Noire !

L'armée est toujours dans l'inaction. Il est grand temps qu'on la fasse marcher, car elle est sur le point de périr de misère.

Nos affaires en Italie ne vont pas très bien (1) ; mais, sous peu, je crois que nous serons en mesure de réparer les grandes fautes qu'on a faites à l'ouverture de la campagne.

10 thermidor (28 juillet).

Je pars à l'instant pour le Valais ; j'ai fait filer, hier, des troupes sur le mont Saint-Bernard ; je vais les rejoindre. Demain, nous pourrions bien y avoir une affaire.

12 thermidor (30 juillet).

J'arrive du Valais. Rien ne s'y passera avant

pour qu'il essayât d'établir des communications entre les armées d'Helvétie et du Danube et celle d'Italie. En juin, le petit corps Xaintrailles avait été remplacé par la division Turreau.

(1) Les Austro-Russes, maîtres de Peschiera, de Milan, de Turin, assiégeaient Mantoue et Alexandrie, qui capitulèrent en juillet 1799.

quelques jours (1), et peut-être n'y aura-t-il rien du tout, car l'opération projetée n'a, selon moi, aucun but solide, ni rien de bien avantageux à nous offrir. Néanmoins, si le général en chef donne des ordres, nous les exécuterons et nous irons où nous pourrons; mais je réponds d'avance que le plan ne sera pas entièrement exécuté. J'y ferai mon devoir; la montagne enfantera une souris!

Tu t'es donc bien amusée à Lille et tu t'y es mise au pas avec des perruques châtain, qui te vont à merveille. Voilà qui est fort bien et les perruques blondes te vont à ravir, sans doute! De grands yeux bien fendus, couronnés de beaux sourcils bruns, un teint mat comme le tien, ressortent singulièrement sous une chevelure blonde!

(1) Le cabinet topographique du Directoire (dirigé par Clarke) avait imposé à l'armée d'Helvétie une offensive que Masséna jugeait prématurée. Bravant une destitution, qui fut prononcée et presque aussitôt rapportée, Masséna voulait attaquer les troupes de l'archiduc Charles, disséminées depuis Schaffouse jusqu'au Saint-Gothard, avant l'arrivée de l'armée russe, en marche vers Schaffouse. Mais il entendait mûrir son plan d'attaque, pénétrer ses lieutenants de ses intentions et n'opérer qu'à coup sûr. C'est pour cette raison (qu'Hardÿ avait devinée) que Masséna temporisa jusqu'au milieu d'août. Comme la division Turreau devait concourir, dans le Valais, à l'attaque générale, Masséna la renforça, dès la fin de juillet, par une brigade du corps de réserve commandé par Hardÿ.

Tu dois avoir l'air bien intéressant, bien piquant, avec cette coiffure ; j'éprouverais un vrai plaisir à te voir ainsi !

Si les circonstances le permettent, tu me le procureras, je l'espère, l'hiver prochain. D'après Sénarmont, c'est alors seulement que je serai amoureux de ma femme !

Mais ma bonne amie sait bien qu'avec ou sans perruque, elle est l'idole de mon cœur ; qu'elle sera parfaitement libre de se mettre comme elle voudra, pourvu qu'elle évite le ridicule des *femmes de bon ton*, que j'appelle, moi, des coquettes, des coquines ou des filles ! Que d'extravagance !

Quand on est aimable comme ma Calixte, le secours de l'art est superflu ; on s'en tient à la mise décente sans obéir aux rigueurs du tyran qu'on appelle la Mode et sans trop s'en écarter. La Mode a des lois dont il faut tenir compte, sans les exécuter à la lettre ; sinon, le bon goût est perdu et les femmes sont aux ordres d'une boutiquière, qui aura mis dans sa tête de faire fortune avec des pompons, des grelots, des chiffons, tout ce qu'admirent les sots, tout ce qui fait lever les épaules aux hommes de bon sens.

23 thermidor (10 août).

Le 8 de ce mois, le Directoire m'a élevé au grade de général de division ; j'en prendrai le titre quand j'aurai le brevet (1).

27 thermidor (14 août).

Tu me dis que tu n'es pas tranquille, que nos affaires vont mal, que l'ennemi est en forces sur tous les points...

A la vérité, l'ennemi est fort et nous le serons aussi dans peu. L'ennemi a fait de grands progrès, cela est encore vrai, et il n'a pas eu grande peine.

(1) Le voici :

Lettre de service.

Le Directoire exécutif, ayant à nommer un général de division pour être employé, en cette qualité, près les troupes qui composent l'armée du Danube, subordonnément au général en chef de cette armée, a fait choix de Jean Hardÿ.

Il est, en conséquence, ordonné aux troupes composant ladite armée du Danube, aux généraux de brigade, aux officiers d'état-major, à ceux de l'artillerie et du génie, et à tous autres employés près d'elle, de le reconnaître en ladite qualité de général de division et de lui obéir ou faire obéir par ceux étant à leurs ordres, en tout ce qu'il leur commandera pour le bien du service et le succès des armées de la République.

Fait à Paris, le douzième jour de thermidor, l'an VII de la République.

Le ministre de la guerre,
BERNADOTTE.

Schérer et compagnie l'avaient si bien servi, qu'il ne pouvait manquer son coup. Nos affaires vont mal, mais elles iront mieux. C'est dans les circonstances difficiles qu'il faut avoir le plus de fermeté et de courage. Que deviendrions-nous si nous nous laissions abattre par les revers? Que serions-nous devenus, lorsque l'ennemi inondait le nord et l'ouest de la France, si nous avions lâchement courbé la tête? Les Autrichiens sont à nos portes! qu'ils entrent, s'ils osent; ils ne s'en retourneront pas! Mais il n'est pas question de les laisser entrer : ils sont déjà arrêtés (1). Après avoir cueilli des roses, dont les traîtres avaient complaisamment ôté les épines, la coalition pourra fort bien n'avoir plus que des ronces à fouler. Le Génie de la liberté veille toujours sur la France; ses enfants sont toujours debout et la famille s'augmente à chaque instant. Le lion dort en ce moment; il va se réveiller, plus terrible!

On a bien fait d'écrire à Bevières que je ne pouvais prendre son frère. Si je voulais écouter

____

(1) Joubert avait pris l'offensive, en Italie, avec quarante mille hommes, pour venger la défaite de la Trebbia. Attaqué par Souvarow, le 15 août, aux environs de *Novi*, il fut tué en criant : « En avant! » et l'armée, réduite de dix mille morts, dut se réfugier dans l'Apennin.

tous ceux qui m'écrivent dans ce sens, j'aurais bientôt un escadron à mon état-major.

Le général Turreau a attaqué ce matin l'ennemi dans le haut Valais (1); je désire qu'il s'en tire avec avantage.

2 fructidor (19 août).

Il paraît que mon avancement te fait beaucoup de plaisir. Je t'avoue que je n'en suis pas fâché non plus, et que j'aurais été très mortifié de servir sous mes cadets, que j'ai vus, pour la plupart, faire officiers, et dont beaucoup, pourtant, sont arrivés avant moi. Je suis loin de contester leur ancienneté de grade; je les verrai sur le tableau sans jalousie.

(1) Ce n'était pas seulement Turreau qui attaquait les Autrichiens, le 14 août, au Grand-Saint-Bernard, c'était aussi Lecourbe sur la Reuss, depuis Altorf jusqu'au Saint-Gothard, et Chabran sur la Sihl, dans le canton de Glaris.

Lecourbe, admirablement secondé par Gudin, Loison, Boivin, Porson, Daumas, combattit quatre jours (du 14 au 17) dans les glaciers et les précipices, franchit le *pont du Diable*, s'empara du massif du Saint-Gothard et écrasa l'aile gauche de l'archiduc Charles, sans que celui-ci pût la secourir. Masséna occupa d'ailleurs l'attention du général en chef autrichien en attaquant, à la fois, le 17 août, son centre et sa droite, Zurich et Baden.

Turreau, maître du Saint-Bernard, du Furca et du Simplon, avait rejeté en Piémont les débris de la division autrichienne du Valais.

Je t'ai toujours dit, ma chère Calixte, que le moment de la justice n'était pas éloigné. Il m'est agréable de ne rien devoir aux importunités, aux plates démarches, aux sollicitations et, encore moins, aux intermédiaires, qui souvent vous font rougir en se vantant de vous avoir honoré de leur protection. Ce que j'ai, je l'ai gagné et, si j'en excepte Bernadotte qui, en entrant au ministère, s'est rappelé qu'il avait servi sous mes ordres, comme j'avais servi sous les siens, Bernadotte, qui a mis mes services sous les yeux des directeurs, je n'ai d'obligation à personne. Mon avancement est le prix de mes travaux ; tout le monde n'en peut pas dire autant !

Je compte partir, le 7, pour le grand quartier général, à Lentzbourg, où Masséna désire m'entretenir sur plusieurs objets relatifs au service. J'entrevois que le chef d'état-major général Oudinot, blessé plusieurs fois, a besoin de se reposer et qu'on a envie de me faire remplir ses fonctions. Ça m'est égal ; je ferai ce qu'on voudra ; ce n'est pas d'aujourd'hui que je suis à toute main. Écris-moi tout bonnement à l'armée du Danube.

P. S. — L'armée vient d'attaquer sur toute la ligne : nous avons réussi, fait beaucoup de prison-

niers, gagné un terrain considérable et important ;
mes troupes ont bien donné.

Un gazetier annonçait dernièrement que les
Russes occupaient le Grand-Saint-Bernard. Il en
a menti ; c'est moi qui tiens cette fameuse montagne, qui ouvre un passage en Piémont.

Je suis chargé de sa défense et je réponds du
poste. Au surplus, il n'y a point de Russes dans
cette partie ; le gazetier est un imposteur.

Bâle, 11 fructidor (28 août).

C'est pour me donner le commandement d'une
division en ligne que Masséna m'a mandé. Il
m'accable des marques de sa confiance et m'avait
destiné le plus beau poste de l'armée. Mais sa joie
a été de courte durée ; il a reconnu que je ne
pouvais me dispenser de retourner à Plombières
pour achever ma guérison. Les officiers de santé
de l'armée en chef le lui ont dit ; il s'est résigné,
non sans peine, et m'a recommandé de revenir aussitôt que je serais guéri. Il m'a répété que je pouvais être tranquille sur ma destination, qu'il saurait me donner un poste qu'il ne confierait pas au
premier divisionnaire venu. Enfin, je suis confus
de tout ce qu'il m'a dit d'obligeant.

Me voilà donc encore une fois sur la route

de Plombières, où je compte coucher demain.

J'ai beaucoup dépensé depuis mon retour à l'armée, tant pour remonter mon écurie que pour ma table. Nos très chers alliés, les Helvétiens, ont la louable habitude de nous faire payer double ce qu'ils vendent à un prix modique à leurs compatriotes.

Il n'y a pas un sou dans la caisse de l'armée; si le commissaire ordonnateur et le payeur général n'étaient pas de mes amis, si ce dernier ne m'eût avancé quinze cents francs pour mes appointements de thermidor, j'étais obligé de m'en aller à Plombières avec la douzaine de louis qui était tout mon avoir.

XIII

DEUXIÈME SÉJOUR A PLOMBIÈRES

du 1ᵉʳ au 22 septembre 1799.

Plombières, le 15 fructidor an VII (1ᵉʳ septembre 1799).

Il a dû y avoir, hier ou ce matin, une action vigoureuse sur Zurich; on ne tardera pas à en apprendre les détails. Il est à désirer qu'elle ait réussi. J'ai demandé à passer à l'armée du Rhin; je ne sais si je l'obtiendrai. J'ai bien des raisons de le désirer, malgré l'affection que me témoigne Masséna.

23 fructidor (9 septembre).

Tu me demandes si je crois à une paix prochaine. Toutes les opinions à cet égard sont très incertaines. La paix et la guerre tiennent toujours à des riens.

L'une ou l'autre arrivent souvent au moment où l'on s'y attend le moins. Les affaires semblent désespérées pour l'un des deux partis; c'est à ce moment même que la fortune change de caprice et amène la paix. L'union paraît bien cimentée entre diverses puissances et, tout à coup, un orage, formé en secret par le besoin, l'ambition, l'intrigue des cours, éclate et embrase la moitié du globe; le fléau dévastateur de la guerre se propage et fait des progrès surprenants, sans qu'on puisse prévoir quand son flambeau s'éteindra. Aussi, tous ceux qui raisonnent sur la paix ou la guerre, de quelques probabilités qu'ils appuient leurs assertions, se perdent dans un dédale de conjectures.

Une gazette me fait combattre, le 15, à Zurich; elle a la bonté de me donner la victoire, en déclarant que j'ai couru les plus grands dangers. Une autre (il y a quatre jours) annonçait la mort de Joubert comme fausse, quoique nous en ayons les preuves, malheureusement, les moins équivoques.

Une troisième annonçait l'arrivée de Bernadotte à Strasbourg, au moment où il passait en revue, avec Lefebvre, les conscrits de la caserne de Courbevoie.

Masséna a été remplacé au commandement de l'armée du Danube, sans le savoir, même sans s'en douter, et il a été très surpris quand il a reçu l'arrété du Directoire qui le réintégrait dans son commandement. Voilà une conduite bien étrange; mais aujourd'hui, il ne faut s'étonner de rien.

Vallin me mande que le coup qu'on devait faire sur Zurich n'a pas eu lieu. La cause en est, sans doute, à l'entrée de l'armée du Rhin (1) à Francfort; on veut attendre qu'elle ait fait encore quelques marches et obligé l'archiduc Charles à un mouvement rétrograde qui facilitera nos opérations en Helvétie.

Plombières, 4e jour complémentaire (20 septembre).

D'après ce que vient de me dire le général Darçon, membre du comité militaire établi par le Directoire, en passant, ce matin, en poste, il est question de m'envoyer à l'armée du Rhin.

Bernadotte vient d'être remplacé au ministère

---

(1) Muller, qui la commandait, devait, avec ses dix-huit mille hommes, tenir tête au corps autrichien de Starray, que formait l'aile droite de l'archiduc Charles. Il occupa Manheim et investit Philipsbourg le 30 août. Le 9 septembre, l'assaut allait être donné à la ville, bombardée depuis cinq jours, quand Muller apprit que l'archiduc Charles, remplacé en Helvétie par Gortschakof, marchait avec toute son armée au secours de Philipsbourg. Il leva le siège et opéra sa retraite sur Manheim, puis sur Mayence, qu'il reçut l'ordre de couvrir sans rien tenter sur la rive droite du Rhin.

par Marescot (1), avec lequel je ne suis pas moins lié.

Je vais lui écrire pour qu'il ne perde pas cet objet de vue ; car, quoique j'aie une belle division à l'armée du Danube, je préfère servir sur le Rhin, à cause de ma connaissance du pays. C'est, à la guerre, un très grand avantage.

Un excès de zèle, mon empressement à reprendre trop tôt de l'activité au lieu de laisser le temps aux eaux de faire tout leur effet, m'a forcé à revenir ici une seconde fois. Cette imprudence a failli m'estropier pour le reste de ma vie.

Les officiers de santé en chef de l'armée, chargés par le général Masséna de venir à mon secours, désespéraient de me tirer d'affaire et parlaient d'amputation.

Masséna a cru bien faire en me confiant le corps de réserve ; c'était, en apparence, un poste assez tranquille. Mais les mouvements de l'ennemi m'ont obligé à courir, en moins de quinze jours, d'une extrémité de la Suisse à l'autre, et à faire une infinité de courses très fatigantes, par des

____

(1) Ce ne fut pas Marescot, mais Dubois-Crancé, qui remplaça Bernadotte, le 14 septembre 1799, au ministère de la guerre ; Bernadotte, nommé conseiller d'État, ne quitta pas Paris.

chaleurs excessives, pour reconnaître les camps
que je voulais faire occuper.

A peine mes troupes étaient-elles stationnées,
que je recevais l'ordre de changer de position.

On m'a fait aller dans le haut Valais, au Grand-
Saint-Bernard, au Simplon, au diable, ou, du
moins dans un pays diabolique. J'étais seul avec
Vallin; je n'avais pas encore d'adjudant général
j'étais obligé de faire et de voir tout par moi-
même. J'y ai gagné une grave maladie, dont j'ai
failli mourir.

Me voilà maintenant à peu près hors des mains
de la Faculté. Il m'est défendu, cependant, de
monter à cheval, si je ne veux m'exposer à une
rechute plus dangereuse que n'était la maladie.

Il m'est bien dur et bien pénible d'être condamné à un repos d'un mois encore, dans un moment critique, comme celui-ci, où je devrais être
à mon poste.

Je reçois une lettre fort amicale de Masséna. Il
ne se portera pas de grands coups (1) avant que

(1) Ces grands coups furent les deux immortelles journées
(25 et 26 septembre) de *Zurich*. Après la Trebbia, le Conseil
aulique, se défiant de Souvarow, avait décidé que les Autrichiens agiraient seuls en Italie et sur le Rhin, pendant que les
Russes débusqueraient Masséna de la position centrale qu'il
avait prise en Helvétie. C'était le salut de la France! Les Au-

je rejoigne, ce qui me tranquillise un peu. Il a la
bonté de me recommander de me bien soigner et

trichiens, bons tireurs, habitués à la guerre de montagne,
étaient, pour les Français, des ennemis plus redoutables que les
Russes, soldats de plaine, qui dédaignaient l'emploi des feux et
ne combattaient qu'à la baïonnette.

L'archiduc Charles avait cédé ses lignes de la Limmat à
Kutusow. Souvarow, venant d'Italie, s'engagea, le 21 septembre, à travers les précipices du Saint-Gothard pour prendre
à revers les Français sur l'Albis. Lecourbe, qui commandait
l'aile droite de Masséna (douze mille hommes), arrêta Souvarow,
le harcela, lui coupa les vivres et l'empêcha de faire sa jonction avec Korsakow.

Masséna ordonna, le 25, une attaque générale. Les divisions
Mortier, Klein, Lorges et Mesnard enveloppèrent Kutusow
dans Zurick, lui prirent cent canons, cinq mille prisonniers,
son trésor, tous ses bagages, et l'obligèrent à se réfugier à Schaffouse. Soult battit, sur la Linth, le corps autrichien de Hotze,
chargé d'assurer la liaison entre les armées russes, et le rejeta
au delà du Rhin.

Souvarow s'obstina à marcher sur Zurich, dans l'espoir de
rallier les débris de Korsakow et de Hotze.

Il fut arrêté, le 30 septembre, vers Glaris, par Molitor, qui,
avec douze cents hommes, en contint quinze mille et permit aux
divisions Mortier et Lecourbe de les rejeter dans les Grisons, le
4 octobre.

Gortschakof, renforcé par le corps de Condé et une division
bavaroise, tenta de secourir le vieux maréchal moscovite. Il fut
battu à Constance et à Diersenhofen par les divisions Lorges
et Mesnard.

En quinze jours, Masséna et ses lieutenants avaient jonché les
Alpes, barrière de la patrie en danger, de vingt-six mille ca-
davres russes ou autrichiens.

Souvarow, furieux contre les généraux autrichiens, les dé-

de me guérir avant de revenir à l'armée. Je suivrai son avis.

Je pars demain pour Épinal, où je dois assister à la fête nationale. Le 2 vendémiaire, nous mettrons, Vallin et moi, le cap sur Dormans et Troissy, où tu me rejoindras avec les bagages et ma bibliothèque.

La crémaillère fut pendue au manoir de Troissy, dans les derniers jours de septembre 1799, et le rêve de Hardÿ de vivre en ménage avec sa bien-aimée Calixte dura deux mois. Son congé fini, sa santé bien rétablie, il quittera son doux nid pour reprendre la vie errante.

Le 30 octobre, il est à Paris; son ami Lefebvre veut le présenter à Bonaparte, revenu d'Égypte, et qui prépare, avec Sieyès, le coup d'État du 18 Brumaire.

Le général de division Hardÿ à sa femme.

Paris, 8 brumaire (30 octobre).
Hôtel de Toscane, rue de la Loi.

Arrivé hier à Paris, à deux heures et demie. J'ai vu Lefebvre et sa femme, qui m'ont demandé

nonça à Paul Ier « comme des traîtres, qui s'étaient fait battre pour qu'il eût l'humiliation de fuir devant des Français ». Le Tzar partagea son irritation et ne tarda pas à rompre avec l'Empereur.

de tes nouvelles avec intérét, puis Debelle et plusieurs camarades. Je suis attendu par Moreau, Bernadotte et le ministre de la guerre, Dubois Crancé.

9 brumaire (31 octobre).

J'ai vu, hier matin, Moreau, qui m'a fait, comme à l'ordinaire, beaucoup d'amitiés. J'ai déjeuné chez Bernadotte; sa petite femme (1) paraît fort gentille et point bégueule. J'ai promis de dîner chez eux, un de ces soirs. Puis j'ai dirigé ma promenade vers le quai Voltaire, où est le quartier général de la 17ᵉ division (2), dans l'intention de me faire présenter à Bonaparte par Lefebvre. Nous n'étions pas inscrits, il a fallu remettre la partie.

Prenant un peu à droite, je suis entré au ministère de la guerre. Dubois-Crancé m'a fait grand accueil. Il nous a invités, Vallin et moi, à dîner demain, en famille.

J'ai vu, au dépôt des armes, mon armure (3), qui est superbe.

(1) Née Clary, sœur de la femme de Joseph Bonaparte.
(2) On dirait aujourd'hui le gouvernement militaire de Paris.
(3) Une carabine, quatre pistolets (deux d'arçon, deux de ceinture), un sabre, une épée. Sur chacune de ces armes (qui ont été précieusement conservées) est inscrit : « Le gouvernement français au général Hardÿ. »

J'ai passé la soirée aux Italiens. A dix heures, j'étais dans mon lit. Est-on plus sage que ton époux ?

10 brumaire (1er novembre).

Je suis fort content du ministre, sa femme m'a fait beaucoup d'amitiés ; mais c'est une maîtresse commère.

Au Directoire, je n'ai trouvé que le président Gohier et Roger-Ducos. Ils m'ont parfaitement accueilli. Je dîne demain chez Gohier.

11 brumaire (2 novembre).

J'ai écrit à Bonaparte pour lui demander une entrevue. Il m'a répondu que je pouvais venir quand bon me semblerait et qu'il aurait le plus grand plaisir à faire ma connaissance. J'y serai à une heure.

Nous n'avons pas le récit de l'entrevue. Hardÿ partit, le lendemain (3 novembre), pour rejoindre sa femme à Troissy. C'est là qu'il apprit que Bonaparte avait renversé le Directoire, le 18 Brumaire ; que des grenadiers avaient, le 19, dispersé le Conseil des Cinq-Cents et que le gouvernement de la France était confié à trois consuls, Bonaparte, Roger-Ducos et Sieyès (11 novembre).

Bonaparte manda Hardÿ à Paris pour l'entretenir

de l'armée du Rhin, où il avait demandé à servir.
Muller se déclarant impuissant à la réorganiser, HardŸ
conseilla de remplacer Muller par Moreau.

C'est avec l'espoir de l'avoir bientôt pour général
en chef, qu'il se rendit en poste à Manheim, à la fin
de novembre, avec Vallin, l'un de ses aides de camp.
L'autre, le capitaine Sauvage, restait à Paris; sa santé,
fortement ébranlée par l'expédition d'Irlande, ne lui
permettait pas encore de faire une nouvelle campagne.

XIV

ARMÉE DU RHIN

Du 3 novembre 1799 au 26 avril 1800.

Manheim, le 7 frimaire an VIII (28 novembre 1799).

Nous sommes arrivés, hier au soir, en bonne santé et sans autre désagrément que celui des chemins qui, partout, sont horribles.

J'ai vu, un moment, le général en chef, Muller; il est fort embarrassé pour me placer. L'armée du Rhin n'est qu'une ombre d'armée; il y a six fois plus de généraux qu'il n'en faut pour commander la poignée d'hommes qui la compose. Tout y va mal et cela ne peut durer. Je vais presser Muller de me donner une destination, en attendant que l'armée s'organise sur un meilleur pied et sous un autre chef. Je désire que les idées que j'ai exposées à Bonaparte (1) et à Moreau fassent sur eux quel-

(1) Remarquons ce changement; à partir du consulat on n'écrit plus Buonaparte, mais Bonaparte.

que impression pour que nous ayons de bons quartiers d'hiver.

Un Génie malfaisant dirige les pas de Sénarmont et les miens, et ne permet notre réunion sur aucun point du globe. J'ai rencontré mon cher beau-frère à une lieue de Manheim ; il s'en allait à Paris, où le ministre l'a nommé membre du comité central d'artillerie. Il a fallu nous contenter de nous embrasser et de nous dire adieu.

9 frimaire (30 novembre).

Je pars pour Worms, où je prendrai le commandement des départements de la Sarre et du Mont-Tonnerre, jusqu'à ce que l'arrivée des renforts me permette d'entrer en ligne avec une division. Ce service m'ennuie beaucoup ; mais je m'y résous parce qu'il faut être employé et que je crains, si je demande au ministre une autre destination, qu'il ne m'envoie en Vendée ; ce que j'ai toujours redouté depuis le commencement de la guerre. Je vais, pendant quelque temps, mener une vie de chanoine ; ça vaut mieux que de compromettre son honneur et sa réputation dans un commandement qui n'est pas tenable.

Worms, 12 frimaire (3 décembre).

Me voilà rendu à Worms. Y serai-je longtemps? Je ne le crois pas, et tant mieux, car ce poste sédentaire ne me convient pas. Je suis cependant au milieu de braves gens, qui se rappellent avec plaisir le temps où je commandais le corps du Hundsruck.

L'armée a Moreau pour chef et va prendre une autre attitude. Il est dommage qu'on ait tant tardé, mais mieux vaut tard que jamais!

Les Russes se retirent définitivement; ils ne pouvaient plus s'entendre avec les Autrichiens. C'est la dissolution de cette fameuse coalition, qui aura le sort de toutes les autres

Souvarow, le cher fils de Paul Ier, reconduit à son très honoré maître moins de vingt-cinq mille des quatre-vingt-dix mille soldats qu'il a amenés.

Nous organisons notre cuisine; elle commencera demain à chauffer. On trotte de tous côtés pour acheter marmites et casseroles. J'ai préféré ce petit tripotage, qui ne peut durer longtemps, à la vie d'auberge; on y est trop étrillé et il faut être économe quand on est père de famille.

Worms, le 14 frimaire (5 décembre).

L'armée, trop faible, n'a pu se tenir dans ses positions ; elle repasse le Rhin. Les deux généraux en chef sont convenus d'une suspension d'armes pour huit jours. J'espère que, pendant ce temps, on va accélérer l'arrivée des renforts et organiser la nouvelle armée du Rhin, que Moreau commandera de manière à nous assurer de bons quartiers d'hiver.

16 frimaire (7 décembre).

Toute l'armée est sur la rive gauche du Rhin, à l'exception de deux ou trois mille hommes restés à Manheim et à Nekerau pour la garde du pont de bateaux. Il paraît que les Prussiens se remuent. Les troupes parties de la Hollande pour remonter le Rhin et nous renforcer redescendent. Tout est, jusqu'à présent, couvert du voile du mystère ; mais les grands événements ne tarderont guère.

Je pars, dans une heure, pour Landau, dont je vais prendre le commandement supérieur.

Landau, 20 frimaire (11 décembre).

L'armistice, qui n'était d'abord que pour Manheim, a été généralisé, car un officier de l'armée du Danube a écrit hier qu'il allait au bal, à

11

Constance, avec les officiers autrichiens. On attend le résultat des démarches de Berthier près du cabinet de Vienne.

Nous sommes peut-être à la veille de la paix.

Moreau n'a point encore donné de ses nouvelles; Macdonald, son lieutenant pour l'aile gauche, n'est pas arrivé non plus.

Nous avons abandonné Manheim et replié notre pont; de sorte que nous n'avons plus de troupes sur la rive gauche du Rhin qu'à Kehl, dont les ouvrages ne sont guère tenables et qui pourrait bien être cédé à l'Empereur.

Il y a longtemps que nous aurions la paix si le Directoire avait accepté les conditions raisonnables et avantageuses qu'on lui offrait.

22 frimaire (13 décembre).

La petite armée du Rhin est éparpillée sur la rive gauche, où elle vit, tant bien que mal, dans les bourgs et villages.

Je ne sais pas encore ce que l'on a envie de faire. La saison est bien rigoureuse; les moyens de réorganisation sont très minces, l'argent manque, les troupes sont fatiguées.

On aura de la peine à remonter la machine,

dont les ressorts sont usés, brisés ou du moins dérangés.

Les hostilités reprendront-elles, je l'ignore, mais, autant que ma vue peut s'étendre, je ne le prévois pas. J'attendrai tranquillement les événements sans faire grand bruit.

Je me tiendrai coi jusqu'à l'arrivée de Moreau ; je demanderai alors à sortir de mon trou de Landau.

Nous vivons passablement ; les comestibles ne sont pas très chers. Je fais tout apporter de l'auberge et, avec quarante sous par tête, nous avons deux bons services, sans vin. Nous ne prenons qu'un repas ; ce qui reste d'intact est plus que suffisant pour accompagner le verre de vin que nous prenons le soir.

Tu ne trouverais pas de somptuosité à notre table.

Les payeurs sont, tous, aussi dépourvus de fonds les uns que les autres ; je n'en ai pas encore trouvé un qui pût me solder deux mois d'acompte sur quatre qui me sont dus.

Ma bourse est à sec ; il est temps de déterrer enfin un payeur qui paye. *Rara avis!* (L'oiseau rare, pour les Calixtes qui n'entendent pas le latin.)

28 frimaire (19 décembre).

Je vais à Mayence prendre le commandement de la cinquième division active et remplacer Marescot, nommé ministre de la guerre à la place de Berthier, devenu ambassadeur à Berlin.

Hardy, commandant en chef, à sa femme.

A Mayence en état de siège, 6 nivôse (27 décembre).

J'ai tant d'ouvrage depuis que je suis ici, que ce n'est qu'hier soir que j'ai pu m'enfermer, pour rendre compte aux consuls et au ministre de la guerre de la situation de cette place importante, clef de notre position du Nord.

Je viens de recevoir officiellement la nouvelle Constitution (1); je la ferai accepter après-demain par la garnison de Mayence.

Ma situation est très critique ; nous manquons

(1) La *Constitution de l'an VIII*, promulguée le 13 décembre 1799, donnait le pouvoir exécutif à trois *consuls*, créait le *Tribunat*, le *Sénat*, le *Corps législatif*, le suffrage à plusieurs degrés. Le *premier Consul*, Bonaparte, choisissait les ministres, les ambassadeurs, les membres du Conseil d'État; il promulguait les lois, conférait les grades dans les armées de terre et de mer, nommait tous les fonctionnaires civils. Les deux autres, Cambacérès et Lebrun, avaient voix consultative.

d'argent; la solde n'a pas été payée depuis plus de deux mois; les soldats sont en guenilles.

Je frappe à toutes les portes pour obtenir quelques avances et j'ai bien de la peine à réussir. Il faut espérer que le gouvernement mettra un terme aux déprédations et que les impôts payés par le peuple arriveront enfin à leur véritable destination.

8 nivôse (29 décembre).

Nous allons lire la Constitution aux troupes. Vingt officiers supérieurs sont réunis chez moi pour m'accompagner à la cérémonie. Je ne la ferai pas durer longtemps et mon ordre du jour sera laconique, parce qu'il fait un froid de loup.

10 nivôse (31 décembre).

J'ai reçu le médaillon qui contient ton portrait et celui de mon père. Avec quelle joie je les regarde, ces traits si chers, qui évoquent des souvenirs délicieux!

On s'est bien amusé au repas qui a suivi la cérémonie.

Nous étions trente-cinq à table; mon cuisinier a fort bien fait les choses. Mon valet de chambre, l'Epinoy, s'est acquitté des fonctions de maître d'hôtel avec beaucoup d'intelligence et d'activité.

J'en suis content ; ce n'est pas un *ivrognasse*
comme *mons* Adrien.

Tu me demanderas peut-être qui paye un pareil
festin ? Ton serviteur, et ça ne peut être autrement. Heureusement cela n'arrive pas tous les
mois ; mes 1,500 francs d'appointement n'y suffiraient pas.

Nous avons aujourd'hui un grand bal par sous-
cription. J'ai donné mon offrande, mais j'ai des
affaires pressantes à terminer et, pendant qu'on
saute, je t'écris. Si tu étais à Mayence, ce serait
différent ; mais qui voir à ce bal ? Des gens qui
m'ennuient ; j'aime mieux regarder ton médaillon
et le couvrir de baisers !

Nous attendons Moreau et une nouvelle organisation de l'armée. Reçois-tu mes lettres franches
de port ? C'est un droit.

14 nivôse (4 janvier 1800).

Moreau est arrivé à l'armée et probablement il
va opérer bien des changements. Il passe ici
quinze mille hommes, venant de la Hollande et se
rendant à Strasbourg. Je crois qu'on a envie de
porter l'armée au delà du Rhin.

Un ami de Paris, qui travaille chez le ministre
de la guerre, m'apprend qu'il a été question de

me nommer chef de l'état-major général; il croit que cette nomination n'est que différée. J'attends et j'accepterai tout ce qui ne sera pas au-dessus de mes forces, mais je ne ferai pas un pas pour avoir plus que je n'ai.

Un froid excessif a gelé le Rhin; ce qui m'a causé de grandes inquiétudes, car la place n'était plus à l'abri d'une attaque. Depuis hier le dégel est bien prononcé; messieurs les Autrichiens ne seront plus tentés de me faire visite.

Un de mes généraux de brigade a donné, avant-hier, un très beau bal. Tout ce que le sexe de Mayence offre de joli y était rassemblé; je me suis avisé d'y danser deux contredanses; il y a longtemps que je n'en avais tant fait.

18 nivôse (8 janvier).

J'ai cru que le Rhin débâclerait; mais la gelée a repris tout à coup et on passe de nouveau le fleuve à pied. J'attends l'ennemi, qui se rapproche tous les jours de moi.

Le sucre ne se vendant ici que vingt-un ou vingt-deux francs et le café vingt-six, j'expédie à Troissy un quintal de chacune de ces denrées; tu n'en seras sans doute pas fâchée.

J'ai acheté deux pièces de toile de Hollande

pour faire des chemises. Chaque chemise ne revient pas à plus de douze francs ; c'est pour rien.

30 nivôse (20 janvier).

J'ai tant d'occupations que je suis étonné lorsqu'à dix ou onze heures du soir, j'ai pu parvenir à ne rien remettre au lendemain. Au moment où je t'écris, à minuit, un courrier m'apporte un ordre de Moreau. Il me délègue les fonctions d'inspecteur pour incorporer huit bataillons de conscrits dans les anciennes demi-brigades.

Besogne diabolique et fort désagréable, car la mesure entraîne des mécontentements et des réclamations sans fin. C'est un métier de chien que le nôtre ; on n'a pas plus tôt fini une affaire et compté sur une heure de repos, qu'il en arrive dix autres, qui vous enchaînent pour la journée et une partie de la nuit. Trop heureux quand on les termine à la satisfaction de tout le monde ; c'est la difficulté.

Tu me fais un crime d'avoir dansé deux contredanses sans toi. Oh ! mon petit chou, comme tu me traites ! Et tu crois que je danserai encore, non, non ! Je suis un fou ! « Eh quoi ! Un général de division, qui commande un boulevard comme Mayence, qui, surchargé d'affaires importantes, peut à peine écrire, tous les dix jours, aux consuls, aux ministres, etc., se donne des airs de danser avec deux femmes qu'il ne connaît pas et qui n'ont pas la millionième partie de l'amabilité de Calixte, oh! vraiment, c'est impardonnable! »

C'est toi qui parles, ma bien-aimée, et, ma foi! tu as raison ; aussi cela ne m'est pas arrivé depuis ; il me semble que je devinais ton irritation.

Adieu, ma bonne petite femme ; aime-moi bien malgré tous mes défauts, car je suis à toi sans réserve.

5 pluviôse (25 janvier).

Le facteur m'apporte, à dix heures du soir, ta lettre du 25 nivôse. Elle est accompagnée de quinze autres, auxquelles il faudra que je réponde. Je commence par toi, avant de me coucher.

On t'enverra de Paris un choix de livres, qui n'offenseront ni la délicatesse ni les mœurs ; qui ne tiendront pas trop du roman, mais ne seront pas trop sérieux ; des œuvres jolies, légères, bien écrites, instructives et amusantes, qu'on pourra confier à tes grandes sœurs sans alarmer leur pudeur, qui vous rendront à toutes le séjour de Vachefontaine moins désagréable. On les adressera au receveur du département des Ardennes, à Mézières ; il vous les fera passer par Rocroy.

Je suis content de mes domestiques.

J'ai, entre autres, un jeune Allemand, qui ne sait pas un mot de français, mais qui panse mes chevaux à merveille, sert bien à table, est propre, sage, doux.

L'Epinoy en fait tout ce qu'il veut ; on dirait que l'Allemand devine ce que le valet de chambre attend de lui.

Dans quelques jours, je ne pourrai pas, ma bien-aimée Calixte, causer aussi longtemps avec toi ; un corps de quinze mille Russes est en marche vers Mayence. Il me donnera de la tablature, mais nous nous verrons à l'œuvre. Moreau m'a demandé mon avis sur ce qu'on pouvait entreprendre ; je lui ai envoyé un petit projet, cadrant avec son plan général d'opérations.

Il l'approuve et me demande d'entrer dans les détails de l'exécution.

8 pluviôse (28 janvier).

Malgré le mal que je me donne pour faire marcher rondement tous les services, pour parer au défaut de moyens, aux réclamations, au malaise du soldat, au vide des caisses, je me porte fort bien depuis quelque temps.

J'ai un énorme travail ; il faut être tout, ici. Avant-hier, j'ai été obligé de faire le défenseur officieux, le commentateur des lois et le juge. Je veux que le diable m'emporte si je sais où j'ai trouvé ce que j'ai dit pendant deux heures.

Tu n'es pas conséquente, Calixte ; tu m'as grondé dernièrement pour deux contredanses, et aujourd'hui tu me recommandes de m'amuser, de me dissiper ! Eh bien, dusses-tu gronder encore, j'ai été hier au bal qui se donnait à la salle de spectacle.

Cette fois, je n'ai pas dansé ; es-tu contente ?

Je te quitte ; mon salon est plein de gens qui m'attendent depuis une heure.

12 pluviôse (1er février).

Moreau m'annonce officiellement que le décret de pacification a été accepté par tous les chefs vendéens. Les papiers publics m'en avaient déjà instruit. Il ne reste donc plus à soumettre que le pays entre la Loire et la mer ; je ne doute pas que Brune n'en vienne à bout. C'est bien à désirer ; la guerre intestine est terrible et dérange singulière-ment les opérations extérieures.

Tu me parles de la paix générale ; à ces mots mon cœur s'épanouit ; mais quand je jette un coup d'œil sur les événements, je perds tout espoir. Les renseignements secrets qui me viennent du fond de l'Allemagne par mes émissaires et ceux du général en chef me font croire que nous aurons une campagne sanglante. Puisse-t-elle terminer cette grande querelle, qui coûte si cher au monde !

Les Russes sont en mouvement ; je ne tarderai pas à avoir leur visite.

Tu me prêches l'économie ; elle est, pour le moment, impossible. Je suis ici à la tête de dix-huit mille hommes ; il faut que je représente, que je tienne mon rang sans folles dépenses.

Il est absolument nécessaire que je m'entoure des officiers généraux et supérieurs ; ce rapprochement produit la confiance, et la confiance fait les trois quarts de la besogne. J'évite l'ostentation, mais je veux avoir autant d'amis que de subordonnés. Je n'ai point de dettes ; quatre mille francs dorment dans mon tiroir et j'espère faire bientôt une campagne, qui ne m'enrichira pas, mais qui me permettra de mettre une partie de mes appointements de côté.

15 pluviôse (4 février).

C'est maintenant le courrier de l'armée qui

m'apporte tes lettres par Strasbourg ; aussi les dernières avaient-elles dix ou douze jours de date.

L'incorporation des bataillons de conscrits dans les demi-brigades me donne un mal de chien ; je ne sais à qui entendre et, néanmoins, tout cela s'arrange peu à peu.

Veux-tu une bonne nouvelle? Dix lettres de mes émissaires m'assurent que les Russes, au lieu de venir à Mayence, se sont mis en route, le 9, pour retourner chez eux par la Moravie.

Si l'Empereur reste seul, il est impossible qu'il résiste au choc et la paix est probable.

Nous aurons une superbe armée ; cent trente mille hommes vont se présenter en ligne, de Schaffouse à Mayence. Avec cela nous porterons des coups vigoureux et décisifs.

20 pluviôse (9 février).

Sainte-Suzanne arrive pour me remplacer. Son ordre mentionne que je recevrai incessamment une nouvelle destination. Mayence est un commandement particulier qui ne fait plus partie de l'armée du Rhin. Quand l'organisation de l'aile gauche sera achevée, je saurai où je dois conduire ma division.

22 pluviôse (11 février).

Sainte-Suzanne ne veut pas encore entrer en fonctions; je reste provisoirement gouverneur de Mayence.

Voilà le froid revenu ; le Rhin charrie. Je fais bien vite replier nos ponts sur le Rhin et le Main. Nouveaux tracas et surcroît de besogne.

24 pluviôse (13 février).

Moreau veut rassembler ici un corps nombreux, dont il réserve le commandement à Sainte-Suzanne. Peut-être en ferai-je partie avec ma 5e division. En attendant, je prends le commandement de la 4e, qui touche à la 5e, que je cède à Sainte-Suzanne. J'établirai mon quartier général à Kircheim-Poland, département du Mont-Tonnerre. C'est encore dans le Hundsruck ; décidément, j'ai adopté ce pays-là !

L'hiver est revenu ; les glaces ont failli emporter notre pont de bateaux. Si j'eusse tardé une demi-heure à le replier, il était perdu sans ressource.

26 pluviôse (15 février).

Je ne suis pas pressé d'aller m'enterrer à Kircheim-Poland, dans un triste village, où j'habiterai un château plusieurs fois pillé et dévasté.

Nous attendons, d'un jour à l'autre, le lieutenant général Saint-Cyr, qui commande l'aile gauche et va s'occuper de l'organiser.

Je voudrais bien que cette opération fût terminée, afin que chacun de nous sût quelle est sa place définitive ; les changements actuels ne sont que provisoires. Ne t'étonne pas si, quelques jours après mon arrivée à Kircheim-Poland, tu apprends que je vais plus loin ou que je reviens à Mayence.

Depuis trois semaines, je reçois, chaque jour, des nouvelles contradictoires sur le départ des Russes ou sur leur retour vers le Rhin.

Une dépêche de Ratisbonne et une autre d'Augsbourg s'accordent à m'assurer aujourd'hui que les Russes ont définitivement pris le chemin de la Moravie et de la Pologne pour rentrer chez eux.

Que les cinq cent mille diables les emportent !

Au lieu de m'enterrer à Kircheim-Poland, je prendrai mon quartier général à Worms.

Il est inutile que j'aille m'enfoncer dans les montagnes pour quelques jours.

Worms, 2 ventôse (21 février).

Demain matin, je parcourrai toute la ligne, pour voir mes avant-postes aux bords du Rhin et m'assurer si l'ennemi, qu'on dit en mouvement, ne cherche pas à tenter un coup de main sur mes cantonnements ou sur l'équipage de pont que j'ai à Frankenthal.

J'attends Moreau sous cinq ou six jours.

Sainte-Suzanne est nommé lieutenant général. Il commandera un corps de vingt-cinq mille hommes, dont je ferai probablement partie ; j'en serai fort aise.

4 ventôse (23 février).

Ma division est fondue dans le corps de Sainte-Suzanne et devient la 3ᵉ ; c'est un nouveau saut à faire. Ces déplacements ne sont pas amusants ; mais ce désagrément, que nous partageons tous, est inséparable de notre état.

La 3ᵉ division est chargée de la défense du Rhin depuis le fort Vauban jusqu'à Germersheim. En conséquence, je prendrai mon quartier général dans le gros village de Langen-Kandel, sur la route de Landau à Lautersbourg.

Mon principe est toujours le même : ne rien demander et aller où l'on m'envoie, pourvu que ce ne soit plus en Irlande. Pour ce voyage, mon tour est passé !

On m'écrit de Strasbourg que Moreau a adressé

des ouvertures de paix au cabinet de Vienne par l'intermédiaire de l'archiduc Charles.

L'arrivée d'un aide de camp de Bonaparte au grand quartier général, le séjour qu'il y a fait en attendant le retour du courrier porteur des dépêches de Moreau, ont donné lieu à ces conjectures. On ne sait rien de positif; rien ne transpire. En attendant, l'armée prend, chaque jour, une plus belle attitude. Il vient d'y arriver deux millions cinq cent mille francs; la somme est insuffisante, mais c'est un bon acompte. Les soldats sont impatients de passer le Rhin. Tout porte à croire que nous serons parfaitement en mesure pour l'ouverture de la campagne.

Worms, 6 ventôse (25 février).

Des bruits de paix circulent. Le ministre prussien Jacobi (celui qui s'est bien conduit à Rastadt) (1) vient de passer ici. Il va au quartier général de Bâle, où se trouve, en ce moment, l'aide de camp de Bonaparte, Duroc, si favorablement accueilli à Berlin.

L'entretien que Jacobi a eu, à Mayence, avec

(1) Lors de l'assassinat, par les hussards autrichiens, des trois plénipotentiaires français. Les ministres des autres puissances protestèrent énergiquement contre cette violation du droit des gens, Jacobi surtout.

Sainte-Suzanne, l'air de contentement et de gaieté qu'on a remarqué sur leurs visages après leur conversation secrète, ont donné lieu à une infinité de conjectures. Chacun fait sa gazette, son plan de pacification, impose des conditions plus ou moins dures, demande aux puissances contractantes des sacrifices plus ou moins grands. Quoi qu'il en soit, cette grande affaire est certainement sur le tapis ; j'en juge par un indice qui ne m'a jamais trompé. Hier, en faisant la visite de nos avant-postes sur le Rhin, un officier supérieur fut salué, de la rive droite, par un major autrichien de ronde, qui lui dit :

— « Bonjour, citoyen ; j'ai une grande nouvelle à vous apprendre !

— « Laquelle, mein herr ?

— « La paix !

— « Bah !

— « Oui, oui ; elle est sûre ; les préliminaires vont être signés ; on est d'accord.

— « Tant mieux ! » répondit notre officier, et la conversation s'est terminée là.

J'ai remarqué, depuis neuf ans que je fais la guerre, que les Autrichiens étaient, en tout temps, beaucoup plus tôt et mieux renseignés que nous. Je commence à croire à la paix.

Heureuse paix ! Viens mettre un terme au bouleversement général ; viens consoler l'humanité et me faire goûter tes douceurs dans mon petit ménage de Troissy !

Les Autrichiens, furieux contre les Russes, depuis qu'ils les voient se reposer à l'ombre de leurs lauriers, ont fait graver à Francfort une caricature fort plaisante.

Paul Ier est représenté assis sur son trône, la tête droite, le regard fixe, les bras allongés, les mains ouvertes. Sur la paume de la main droite est écrit :

ORDRE ;

sur la paume de la main gauche :

CONTRE-ORDRE ;

et au milieu du front :

DÉSORDRE.

J'ai chargé quelqu'un de m'acheter cette pièce curieuse.

Langen-Kandel, 11 ventôse (2 mars).

Me voilà établi dans l'énorme village de Kandel. Il a une lieue et demie de long ; il est fort sale. Je ne crois pas y rester longtemps ; d'autant que ma division vient d'être renforcée de trois mille hommes.

Obligé de m'étendre depuis la porte de Strasbourg jusqu'à Germersheim, je n'étais plus au centre de mes troupes.

L'organisation de l'armée n'est pas terminée ; j'ignore encore ma destination. »

13 ventôse (4 mars).

Tu parais fâchée que j'aie quitté Mayence. Moi, j'en suis fort aise, parce que le commandement d'une grande place de guerre fourmille de détails minutieux et ennuyeux ; qu'on est en butte aux caprices, à la morgue, à l'impertinence, à l'impéritie des autorités civiles. Je n'ai pas éprouvé ces désagréments à Mayence, où l'on m'a regretté ; mais une ville forte ne me conviendrait que si j'avais à en soutenir le siège. Cette redoutable opération manque à ma carrière militaire ; excepté cela, j'ai tâté de tout.

Moreau est passé hier à Lauterbourg pour se rendre à Mayence. Il a suivi la route du Rhin et je ne l'ai pas vu. J'espère qu'à son retour il passera par mon village ; je vais lui écrire pour l'y engager.

15 ventôse (6 mars).

Je lis sur la gazette un arrêté des consuls, qui ne fera pas rire les jeunes gens qui, au 1ᵉʳ vendémiaire dernier, ont atteint leur vingtième année (1).

Je crois notre voisin Martial dans ce cas ; mais, sans doute, il se fera remplacer. Avec de l'argent, son père trouvera aisément quelqu'un qui se fera tuer pour son fils bien-aimé.

Mais je ne pensais plus aux Lettres et aux Sciences que cultive ce jeune adepte des Muses. Ne doivent-elles pas l'exempter des rigueurs de la loi ? Sur ma foi ! le voilà sauvé ; Minerve, Momus et Vulcain l'ont pris sous leur protection ; « le cher enfant » n'ira pas à la guerre ! Vite, qu'on lui achète de nouveaux livres ; qu'il reprenne son cours de belles-lettres, et que la conscription ne vienne pas briser son bel avenir ; ce serait dommage ! O grand Démosthène, je vous le recommande ; qu'il tonne, comme vous, à la tribune aux harangues ! Éloquent Cicéron, que ses dialogues éclipsent les vôtres ! Et toi, Voltaire, l'immortel, laisse-le te dépasser dans l'art dramatique ; tu as fait des tragédies en cinq actes, que celles de Martial en aient sept !

Dieu soit loué ! « le cher enfant » ne sera pas tué et deviendra un grand homme ; l'Institut le guette !

____

(1) Le Corps législatif avait voté l'appel de cent mille conscrits, qui devaient renforcer les deux cent cinquante mille vieux soldats. Le remplacement à prix d'argent était autorisé,

Bonsoir, Calixte ; si tu ris de mon verbiage, je n'ai pas perdu ma soirée. Mais la conscription a du bon, crois-moi, il faut des soldats pour gagner les batailles !

23 ventôse (14 mars).

L'armée se rassemble sur le Haut-Rhin ; on n'a presque rien laissé à Mayence.

Tout file sur Brisach et Bâle.

Je pars dans une demi-heure pour Strasbourg.

Strasbourg, 26 ventôse (17 mars).

Me voilà à Strasbourg. Les troupes y affluent ; il y arrive, jour et nuit, des corps de toutes armes. On assure que la République a conclu un traité d'alliance offensive et défensive avec la Prusse ; que cette dernière doit étendre sa ligne jusque vis-à-vis Mayence ; que c'est pour cela que toutes les troupes que nous avions dans le Bas-Rhin sont remontées.

Si cela est ainsi, nous sommes bien dans nos affaires ; notre armée est forte de cent quarante mille hommes, qui donneront de terribles coups de collier. Il paraît que Bonaparte va venir, et alors je regarde la victoire comme certaine. La campagne sera courte et la paix en résultera.

Ainsi soit-il !

La Maison d'Autriche va baisser le ton ; après avoir repoussé deux fois nos propositions, elle se trouvera dans la dure nécessité d'en faire à son tour. C'est l'heure des événements graves. Dans peu, nous verrons des choses extraordinaires ; je te tiendrai au courant de ce que j'apprendrai.

Je vais encore retourner en Helvétie. J'en ai reçu l'ordre hier au soir ; mais, comme mes douleurs rhumatismales sont venues m'assaillir de nouveau et que je marche avec peine, j'ai écrit à Moreau pour lui faire part de l'impossibilité où j'étais de me mettre en route avant quelques jours.

27 ventôse (18 mars).

Il est d'usage, dans je ne sais quel pays, qu'une jeune mère, à ses relevailles, reçoive du parrain quelque régal. Je veux introduire cet usage à Philippeville en faveur de ta sœur de Sénarmont, à l'occasion de la naissance de ma filleule Jeannette.

Un excellent pâté de foies d'oie aux truffes partira demain par la diligence de Mézières. Je charge le directeur de la poste de vous l'apporter lui-même et d'en prendre sa part. Ce qu'il y a de meilleur dans ce pâté n'est pas la croûte ; je t'en préviens, afin que vous ne vous donniez pas d'indigestion. Mangez du foie, des truffes, de la farce ;

mais modérez-vous sur l'enveloppe. Buvez de bon vin de coteau à la santé du nouveau-né, de sa jolie maman, de son vaillant papa, et croyez que je serai de tout cœur avec vous !

5 germinal (26 mars).

Tu me dis que Bonaparte étonne tout le monde par sa conduite, que les royalistes eux-mêmes ne savent où le mordre. Je le crois bien ; ils iraient loin avant de trouver un gouvernement aussi doux, aussi tolérant et qui leur fût plus propice (1). Ce qu'a fait Bonaparte, depuis qu'il tient le gouvernail, est merveilleux. Chacune de ses actions porte l'empreinte de son vaste génie. Si lui-même ne détruit pas son ouvrage en violant les principes, s'il remplit ses engagements, s'il n'abuse pas arbitrairement de l'excessive autorité dont il s'est emparé, la France sera le pays le plus heureux de la terre. Personne ne le souhaite autant que moi.

6 germinal (27 mars).

Tu n'as pas besoin d'affranchir les lettres que

______

(1) Les églises rendues au culte et les prêtres exemptés du serment civique ; fermeture de la liste d'émigration ; rappel des proscrits du 18 fructidor ; abrogation de la loi des otages et de celle qui excluait des fonctions publiques les ci-devant nobles et les parents d'émigrés.

tu m'écris ; les généraux de division ne payent pas de port, autrement leurs appointements n'y suffiraient pas. La plupart de nos correspondances se font par la poste, et il est des jours où je reçois des paquets de lettres qui coûteraient plus de 40 francs. C'est le gouvernement qui supporte tous ces frais ; nous en sommes quittes en certifiant, à la fin du mois, le bordereau du directeur des postes.

9 germinal (30 mars).

J'ai enfin découvert le motif du retard de tes lettres. Quelque directeur (je ne sais lequel), pour ne pas se donner la peine de faire un triage, les met dans le paquet de Paris, où elles sont de nouveau timbrées. De cette manière, je ne reçois de tes nouvelles qu'à neuf ou dix jours de date.

J'apprends avec plaisir que Sénarmont est employé à l'armée de réserve que Bonaparte forme aux environs de Dijon (1). Cela pourra hâter son

(1) Pour dépister les espions de la coalition, Bonaparte avait fait annoncer, par le *Moniteur*, la formation, à Dijon, d'une armée de réserve sous le commandement de Berthier.

Pendant qu'on y réunissait quelques milliers de conscrits, à qui de vieux officiers apprenaient l'exercice, quatre belles divisions actives, formées à Paris, à Rennes, à Nantes et à Lyon, s'acheminaient secrètement vers Lausanne et Genève.

Marmont et Gassendi formaient à Besançon, à Auxonne et

avancement ; je le désire bien sincèrement, car il le mérite sous tous les rapports. Si j'étais appelé à cette armée, je m'y rendrais sans observation ; mais c'est un poste que je ne convoiterai jamais. On sert son pays partout ; l'officier qui, depuis le commencement de la Révolution, a été employé à l'intérieur et n'a pas vu brûler une amorce, s'il a rempli ses devoirs, a été aussi utile à sa patrie que celui qui, depuis huit ans, a toujours combattu. La carrière de l'un est plus brillante que celle de l'autre, mais tout le monde ne peut pas se trouver au même poste. Au surplus, j'aime mieux être sur la première ligne qu'en réserve. Et puis cette armée de réserve est peut-être encore un problème, comme tant d'autres choses qu'on annonce avec quelque affectation ; la réalité est sur le Rhin.

Cette nuit, l'ordre est arrivé de faire rétrograder toute la cavalerie, à l'exception des hussards et des chasseurs. Les dragons se rendent à Nancy et la grosse cavalerie à Épinal, pour y cantonner. De là diverses conjectures (1). On se chuchote à

Briançon un parc de soixante bouches à feu, amplement approvisionnées. Marescot faisait la reconnaissance des passages des Alpes.

(1) Au 1er avril 1800, les Français n'occupaient plus, en Italie, que la Ligurie. L'armée de Masséna (36,000 hommes),

l'oreille qu'il y a un armistice de six semaines, des ouvertures de paix, etc., mais on ne sait encore rien de positif. Cependant il y a quelque chose dans l'air.

L'archiduc Charles ne commande plus l'armée autrichienne ; il est parti, à regret, pour la Bohême. On assure que le cabinet de Vienne n'est pas éloigné d'entrer en accommodement.

15 germinal (5 avril).

Moreau est ici depuis deux jours. Il vient de prendre ses dernières dispositions pour l'ouverture de la campagne. Comme je ne suis pas encore

établie sur l'Apennin, entre Gênes et Nice, couvrait la Provence, que le feld-maréchal Mélas prétendait envahir avec 120,000 Autrichiens.

Sur le Danube, le baron de Kray avait remplacé l'archiduc Charles, en disgrâce depuis Zurich. L'armée austro-bavaroise, échelonnée depuis Constance jusqu'en face de Strasbourg, tenait la base du triangle, dont les 130,000 hommes de Moreau occupaient les côtés, de Strasbourg à Bâle et de Bâle à Schaffouse. Ainsi posté, Kray pouvait se porter en masse au point de passage choisi par Moreau.

Le plan de Bonaparte était d'attirer toutes les forces ennemies aux extrémités du vaste terrain d'opérations dont le massif des Alpes était le centre ; de franchir secrètement ce massif avec l'armée de réserve, qu'il dirigerait lui-même ; de descendre à l'improviste dans la vallée du Pô et d'y écraser Mélas, pendant que Moreau rejeterait Kray sur le Danube, vers Ulm et Ratisbonne.

guéri, je ne me presse pas pour lui demander une affectation. D'ailleurs, je m'en rapporte à son amitié pour moi et à tout ce qu'il m'a écrit de flatteurs.

A Bernadotte, conseiller d'État.

16 germinal (6 avril).

Je ne puis résister plus longtemps, mon cher ami, au besoin de t'entretenir un moment de ce qui me touche.

La sciatique que j'ai rapportée de ma malheureuse expédition d'Irlande et dont je me croyais débarrassé par Plombières est venue m'assiéger de nouveau. Me voilà dans mon lit, souffrant le martyre, hors d'état de faire campagne, et, si tu me rends justice, tu dois sentir que cette privation n'est pas le moindre de mes maux.

N'est-il pas désespérant d'être, à trente-six ans, dans l'impossibilité de me présenter sur la ligne de bataille?

Encore si la Faculté me donnait quelque espérance! Pour toute consolation, elle me dit qu'il faut attendre; le temps s'écoule et les douleurs restent! Plains-moi et présente mes hommages à ta charmante et digne compagne.

A madame Hardÿ.

17 germinal (7 avril).

Toutes les espérances de paix s'évanouissent ; personne ne veut entendre raison ; les guinées anglaises étouffent la voix plaintive de l'humanité et l'emportent sur la plus saine politique. A moins d'un changement subit et comme électrique dans les têtes à perruques du conseil aulique (ce qui n'est pas sans exemple), il faudra, de nouveau, rougir de sang la terre, qui n'en est que trop abreuvée, avant de donner au monde le repos et la tranquillité.

On se prépare à la guerre de part et d'autre et, cependant, je ne crois pas que la campagne s'ouvre avant une quinzaine de jours. Pourvu que je sois guéri vers cette époque, c'est tout ce que je demande.

Pour te récompenser de ne pas abandonner ta musique, je te fais expédier de Paris un ballot de romances et d'ariettes.

27 germinal (17 avril).

Le bruit circule que nous avons été forcés d'évacuer Gênes (1) et le territoire ligurien.

(1) Fausse nouvelle. Le 7 avril, 70,000 Autrichiens avaient attaqué les lignes trop étendues de Masséna, qui voulait cou-

Ce serait un fâcheux événement qui n'améliorerait pas notre position ; mais il fallait s'attendre à voir tous les Autrichiens d'Italie se réunir pour nous arracher le seul coin de terre que nous y avions conservé.

4 floréal (24 avril).

Demain, l'armée marchera à l'ennemi (1). Les vrir, à la fois, Gênes, Savone et Nice, sur un front de vingt-quatre lieues.

Après dix jours de combats acharnés, la petite armée de Ligurie était coupée en deux. Suchet, commandant le corps de gauche (14,000 hommes), était refoulé sur Nice. Il prenait, à l'embouchure du Var, la forte position de Saint-Laurent et couvrait la route de Toulon, menacée par Elsnitz (30,000 hommes).

Masséna, avec le corps de droite, commandé par Soult (12,000 hommes), s'enfermait dans la double enceinte de Gênes, occupait les forts construits au revers de l'Apennin et harcelait, sans répit, les 40,000 Autrichiens qui avaient investi la place.

Le vieux Mélas les commandait en personne, avec Ott et Hohenzollern pour lieutenants généraux.

Une flotte anglaise, croisant dans le golfe de Gênes, bloquait le port et interdisait l'accès de la côte aux navires chargés de vivres et de munitions, qui tentaient de ravitailler la place.

(1) L'armée d'Allemagne comptait, le 25 avril, plus de 100,000 combattants (12,000 fantassins, 13,000 cavaliers, 116 canons). Elle était divisée en quatre corps : *aile droite*, Lecourbe, du lac de Constance à Schaffouse ; *centre*, Saint-Cyr, vers Brisach ; *aile gauche*, Sainte-Suzanne, de Strasbourg à Kehl ; *réserve*, Laborie, au camp retranché de Bâle.

Kray disposait de 110,000 combattants, sans compter

premiers coups seront terribles, et si la fortune seconde les belles dispositions de Moreau, les succès seront pour nous, et très brillants !

J'ai dans la téte que l'Empereur a encore besoin d'un prétexte pour s'humaniser ; les événements prouveront si j'ai tort ou raison.

Notre armée est superbe, bien disposée, bien commandée, pleine de cette confiance qui force la victoire ; j'augure bien de nos affaires.

8 floréal (28 avril).

On a recommencé le branle hier. L'aile gauche s'est portée en avant de Kehl ; elle s'est battue

40,000 hommes répartis dans les places du Rhin et du Danube.

L'infanterie austro-bavaroise était médiocre, mais Kray avait 26,000 cavaliers d'élite et 520 bouches à feu.

Bonaparte avait approuvé le plan de Moreau, qui lui avait été apporté à Paris par Dessolles, chef d'état-major. Le voici :

« Trois fortes colonnes déboucheraient sur la rive droite du Rhin par Kehl, Brisach et Bâle, pour faire croire à l'ennemi que l'on voulait forcer les défilés de la Forêt Noire ; puis elles remonteraient rapidement le long du fleuve jusqu'à Schaffouse, où elles prendraient position sur le flanc gauche de Kray, pendant que l'aile droite et la réserve effectueraient leur passage à Reichlingen. »

L'opération, commencée le 25 avril, réussit à souhait et fut terminée le 1er mai. Sainte-Suzanne, Saint-Cyr et Richepanse refoulèrent les avant-postes autrichiens, firent 1,500 prisonniers et prirent 46 canons avant même que Lecourbe et Laborie eussent passé le Rhin.

toute la journée avec les avant-postes autrichiens, qui ne se sont retirés que très lentement.

Vallin y est allé comme spectateur bénévole et m'a rapporté que les affaires n'avaient pas été extrèmement chaudes ; cependant on a perdu du monde de part et d'autre (1).

Le chef de brigade du 1ᵉʳ chasseurs à cheval, Dubois-Crancé, qui a épousé dernièrement la fille de l'ex-directeur Merlin, y a été tué.

Aujourd'hui, tout est tranquille sur la ligne. J'ignore ce qui se passe en avant de Bâle et de Brisach, mais c'est très sérieux. Je souffre mort et passion ; me voilà condamné à une troisième saison de Plombières !

Vallin, pendant le séjour que j'y ferai, servira auprès de Ney (2), qui le réclame.

Bâle, 12 floréal (2 mai).

J'ai quitté Strasbourg hier et je serai demain à Plombières.

L'armée avance, mais ce n'est pas sans peine. Les paysans de la Forêt Noire sont sous les armes

---

(1) Combat d'Offembourg, livré par Sainte-Suzanne, le 25 avril, au général autrichien Starray. Il le rejeta vers Fribourg, après lui avoir tué ou pris 1,500 hommes.

(2) Ney commandait la cavalerie légère du corps Saint-Cyr.

et nous font beaucoup de mal. Cependant, demain ou après, les plus grandes difficultés seront surmontées et l'armée se trouvera au cœur de la Souabe et, par conséquent, plus à son aise.

Amuse-toi bien à la kermesse.

XV

TROISIÈME SAISON DE PLOMBIÈRES

Du 4 mai au 5 septembre 1800.

Plombières, 15 floréal (5 mai).

Je n'ai pu arriver qu'hier, parce que, dans trois ou quatre stations de poste, je n'ai trouvé ni chevaux, ni postillons, ni maîtres. J'ai fait le voyage très lentement.

Il n'y a encore que deux ou trois baigneurs d'arrivés : mais, sous peu de jours, on en attend un grand nombre. Ce séjour sera moins ennuyeux que les autres ; la saison est très favorable ; il fait le plus beau temps du monde et j'ai tout lieu d'espérer que je trouverai enfin ma guérison radicale ; je ferai tout pour cela.

Mon voyage eût été fort agréable, si l'épouse de l'adjudant général Dabancourt, mon ancien ami, qui faisait route avec moi, n'était pas sourde comme un pot. Et c'est un grand dommage, car elle a de l'esprit, de l'amabilité sans prétention, et un cœur excellent; du reste, vertueuse comme ma Calixte, mais ne la valant pas à mes yeux. Elle vient prendre des douches sur la tête pour que les organes de l'ouïe se raffermissent. Je le désire pour elle et mon ami, sans l'espérer.

Bernadotte m'écrit que Bonaparte a jeté les yeux sur moi pour occuper, comme inspecteur général (1), l'emploi qu'avait Carnot avant de prendre le portefeuille de la guerre. Je ne sais d'où peut me venir cette aubaine, mais je l'accepterai avec plaisir dans ma situation valétudinaire.

Mieux vaudrait être radicalement guéri et retourner à la guerre.

Tu as encore une nouvelle femme de chambre; tâche au moins de la conserver, si elle est fidèle, obéissante et propre. Les bons domestiques sont extrêmement rares, et quand on est destiné à ne

(1) L'*Inspection générale des revues et de l'administration des troupes* a été créée par arrêté des consuls, en date du 9 pluviôse an VIII (29 janvier 1800). Elle faisait partie de l'état-major de l'armée et comprenait, au début, six inspecteurs en chef ayant rang de généraux de division et douze inspecteurs assimilés aux généraux de brigade. Ils étaient assistés par des sous-inspecteurs et les commissaires des guerres.

L'Inspection aux revues fut remplacée, le 29 juillet 1817, par le corps de l'Intendance militaire.

pouvoir s'en passer, il faut leur pardonner bien des sottises et des faiblesses. Ces gens-là ont, comme nous, des défauts, et nous ne sommes pas toujours, vis-à-vis d'eux, assez indulgents ni assez patients. C'est une bonne leçon que nous donnait Beaumarchais dans son *Barbier de Séville :*

« *Aux qualités que vous exigez de vos domestiques, combien trouvez-vous de maîtres capables d'être valets ?* »

C'est comme les enfants, ils sont ce qu'on les fait, vertueux, bons, vicieux ou méchants.

Les principes qu'on leur donne se gravent dans leur mémoire et passent dans leur cœur, où ils germent, croissent, se fortifient, se propagent.

Je ne veux pas m'étendre davantage sur ce sujet : j'aurais l'air d'un pédant et ce n'est pas mon genre.

25 floréal (15 mai 1800).

J'attends avec impatience de nouveaux détails sur les opérations des armées.

Celle du Rhin a vu, jusqu'à ce moment, ses efforts couronnés par les plus brillants succès (1).

---

1 Du 1er au 15 mai, Moreau, exécutant les prescriptions du premier Consul, avait refoulé l'armée autrichienne vers le Danube et l'avait acculée dans le camp retranché d'Ulm. Kray avait perdu plus de 33,000 hommes à **Engen**, Meskirch,

Bonaparte vient d'entreprendre un coup de sa façon, un coup de maître. Un petit billet, reçu ce matin, m'annonce sa marche hardie et rapide sur l'Italie avec quarante mille hommes de l'armée de réserve. Au moment où je t'écris, il doit avoir passé les Alpes, être dans le Milanais ou en approcher. Sous très peu de jours nous apprendrons quelque chose d'extraordinaire (1).

5 prairial (25 mai).

Les Autrichiens se retirent en Bavière.

On s'attendait à une très chaude et très san-

Biberach et Memmingen, et tous ses magasins, échelonnés entre le Rhin et le Danube. Le ministre de la guerre Carnot vint, en personne, demander à Moreau un renfort pour l'armée de réserve.

Lorges fut dirigé vers le Saint-Gothard avec 16,000 hommes, afin de rejoindre Bonaparte en Italie.

L'armée d'Allemagne, réduite à 72,000 combattants, fit face au Danube, la gauche à l'Iller, la droite à la Guntz, la réserve à Augsbourg. M. de Kray ne pouvait plus secourir M. de Mélas.

(1) Bonaparte avait quitté Paris, le 6 mai, avec Duroc, son aide de camp, et Bourrienne, son secrétaire. Après avoir inspecté les dépôts de Dijon et les divisions actives de Genève et de Lausanne, il donnait le signal du départ à 35,000 fantassins et 5,000 cavaliers, pour franchir du lac Léman aux plaines du Piémont, quarante-cinq lieues, dont dix de montagne, sans chemin frayé.

Moncey devait passer le Saint-Gothard avec la division

glante bataille à Ulm ; mais tout s'est passé tranquillement, grâce au mouvement de l'armée de
Bonaparte.

En ce moment, peut-être se bat-on avec acharnement du côté d'Augsbourg.

Moreau a dû renouveler, avant cette bataille,
les propositions pacifiques du gouvernement français (ce que je trouve fort sage).

L'armée autrichienne a perdu plus de vingt
mille hommes depuis l'ouverture de la campagne,
et nous, moins de six mille tués, blessés ou prisonniers.

Ney m'écrit, le 27 floréal, que la désertion va
toujours croissant dans l'armée ennemie.

d'Helvétie (15,000 hommes); Turreau (4,000 hommes), le
Mont Cenis; Chabran (5,000 hommes), le petit Saint-Bernard.
Bonaparte s'était réservé le grand Saint-Bernard avec les
40,000 hommes de l'armée de réserve.

Lannes passa avec l'avant-garde, du 14 au 15 mai. Berthier,
au delà du col, à Saint-Remy, dans la vallée d'Aoste, veillait
au débouché, pendant que le premier Consul, resté en deçà, à
Saint-Pierre, surveillait le passage des troupes et le transport
de l'artillerie et du matériel.

Tout était passé le 20 mai; le fort de Bard avait été tourné.
Lannes, le 22, entrait à Ivrée. Haddick, qui n'avait pu défendre la vallée d'Aoste avec ses 9,000 hommes, s'était réfugié
à Turin.

19 prairial (8 juin).

Moreau est dans une position avantageuse, aux confins de la Bavière ; mais je ne crois pas qu'Ulm soit encore en notre pouvoir.

C'est d'Italie maintenant que viendront les nouvelles intéressantes, malgré l'importance des opérations sur le Danube.

20 prairial (9 juin).

L'armée du Rhin est, depuis quinze jours, fort tranquille. Il n'y a eu qu'une petite affaire à l'aile gauche, qui s'est bien et promptement terminée. Sa position est avantageuse ; mais restera-t-elle longtemps encore dans cette inaction, je ne le crois pas. Le manque de vivres pourrait l'obliger à rétrograder, et les Autrichiens reprendraient l'offensive, ce qui ne nous est pas toujours favorable.

Cependant, les opérations ont été combinées avec tant de précision qu'on peut se rassurer.

L'armée de réserve fait des miracles et un chemin du diable.

La voilà à Milan, maîtresse de la Lombardie. Masséna est débloqué (1) par la seule position de

(1) Masséna avait évacué Gênes le 4 juin.

Investi depuis le 21 avril, il avait fait l'impossible pour obéir à Bonaparte en retenant M. de Mélas dans l'Apennin.

Rivalisant d'intrépidité avec ses généraux (Soult, Marbot,

Berthier (1). Mélas ne peut plus communiquer
avec Kray. Si celui-ci s'avise de se dégarnir,
Moreau est là qui le guette pour l'écraser.

Gazan, Gardanne, Miollis, Petitot, Fressinet, Darnaud), qui,
presque tous, furent blessés, l' « Enfant chéri de la Victoire »
dirigeait lui-même les sorties et rentrait à Gênes, précédé de
longues colonnes de prisonniers.

Le 20 mai, il n'avait plus de vivres ; mais un aide de camp
de Soult, Franceschi, envoyé à Bonaparte, rapportait du Saint-
Bernard l'assurance que l'armée de réserve allait s'avancer à
marches forcées vers la Ligurie. Masséna donna aux habitants
de la soupe à l'herbe, à ses soldats le cacao qui moisissait
dans les docks, et il ordonna, le 28 mai, une reconnaissance
générale des lignes autrichiennes. Il voulait s'assurer que
les trois camps qui cernaient la ville n'étaient pas levés.
Mélas avait passé précipitamment dans la vallée du Pô avec
10,000 hommes pour rallier ses corps dispersés et faire tête à
l'ouragan descendu des Alpes. Mais il en avait laissé 20,000 sous
Elsnitz, devant Suchet, 30,000 autour de Gênes, sous Ott et
Saint-Jullien. Bonaparte, sacrifiant Masséna à ses nouvelles
conceptions stratégiques, avait fait son entrée à Milan le 2 juin.
Le 3, Ott offrait aux assiégés d'entamer des négociations.
Masséna y consentit, la rage au cœur, comme il avait permis
déjà à ses sentinelles, exténuées et mourant de faim, de s'asseoir
pendant leur faction.

On laissa sortir sans conditions les 8.000 Français qui pouvaient encore porter leurs armes. Ils allèrent rejoindre Suchet
vers Nice. Masséna s'embarqua sur un corsaire, en annonçant
aux Génois qu'ils le reverraient avant quinze jours. Les malades
et les blessés devaient être transportés par mer à Antibes.
Tous les prisonniers autrichiens étaient rendus.

1) Berthier était nominativement le général en chef de
a rmée de réserve.

Que nous donneront ces spéculations si savantes, ces calculs si justes, ces efforts si merveilleux? La paix, ma chère Calixte, la paix ! Nous l'aurons cette année ; avant deux mois peut-être !

Si le bon Génie de Bonaparte ne l'abandonne pas, si la Fortune, à qui il se confie avec autant d'audace que d'heureuses conceptions, continue à le seconder, je réponds qu'il reviendra à Paris l'olivier à la main.

Sénarmont m'a écrit son opération du Grand-Saint-Bernard (1). Je n'en suis pas surpris; je connais le passage. Ma division l'occupait, l'année dernière, et je me rappelle tout le mal que j'ai eu pour faire arriver sur la crète du glacier deux pièces de 4. Ce sont de ces choses que l'on ne peut croire si on ne les a pas vues.

Sénarmont ne finira pas cette campagne sans

---

(1) On avait enclavé les canons dans des troncs d'arbres pour les tirer avec des câbles à travers les glaciers et les précipices ; les affûts avaient été démontés et attachés sur des traineaux à roulettes ; les munitions, mises dans des caisses de sapin, étaient portées à dos de mulet. Une seule pièce de 8 fut enlevée par une avalanche avec trois canonniers.

Bonaparte avait promis mille francs par pièce transportée, avec son affût, au sommet du col, les soldats remplacèrent les paysans, qui renonçaient à cette pénible besogne et refusaient la prime.

avoir l'épaulette de chef de brigade, juste récompense de son mérite et de sa bravoure.

. 29 prairial (18 juin).

Quand vous avez appris l'évacuation de Gênes, vous avez sans doute, comme tous ceux qui n'entendent rien à la guerre, poussé de grands « hélas ! » et vous avez cru tout perdu !

Ce n'est qu'un petit malheur, dont il ne faut pas s'alarmer. L'événement est même heureux pour l'armée de réserve, qui avait besoin de renforts et qui, au lieu de les attendre de l'intérieur, les trouve sous sa main.

Elle ne les aurait pas, si Masséna eût conservé Gênes ou s'il en fût sorti sans sa pleine liberté d'action.

Il va pouvoir entrer en ligne de suite avec Suchet, qui était trop faible pour faire quelque chose tout seul.

De plus, l'armée autrichienne est forcée de s'affaiblir d'au moins quinze mille hommes pour composer une garnison, qui aura tout à craindre des Génois. C'est autant de moins à combattre en rase campagne.

5 messidor (24 juin).

Bonaparte a porté le coup de grâce à l'armée

autrichienne d'Italie. L'on s'est battu avec un acharnement inouï. Quatre fois, les deux armées ont été, tour à tour, victorieuses et repoussées (1).

Le malheureux Desaix, qui était arrivé à l'armée depuis deux jours, a été tué, dans le rang, à la dernière charge, qui a décidé la victoire. Les Autrichiens ont perdu quinze mille hommes, presque toute leur artillerie, et se sont vus telle-

(1) Bataille de Marengo. Bonaparte a quitté Milan pour prendre position, le 8 juin, avec 32,000 hommes, sur la rive droite du Pô, au défilé de Stradella entre Pavie et Plaisance. A sa droite, 14,000 Français barrent la ligne du Tessin; 11,000, à sa gauche, couvrent l'Adda. Il veut couper la retraite à Mélas et lui livrer une bataille décisive qui nous rende l'Italie.

Lannes, avec son avant-garde de 12,000 hommes, rencontre à Montebello, le 9 juin, Ott, revenu de Gênes (18,000 hommes). Il lui tue 3,000 hommes, lui en prend 4,000 et le rejette sur Alexandrie, où Mélas a concentré ses forces disponibles : 40,000 soldats aguerris, une cavalerie superbe, 300 bouches à feu. Bonaparte n'a que 40 pièces de campagne et 2,000 cavaliers; les autres battent l'estrade au nord-ouest et au sud, à la découverte des Autrichiens venant du Piémont et de la Toscane.

Le conseil des généraux ennemis a courageusement décidé de se faire jour. Mélas engage, le 14 juin, dans la plaine de Marengo, une glorieuse bataille, qu'il gagne à trois heures et reperd à cinq. Le lendemain, il signe la convention d'Alexandrie, qui rend à la France Gênes, le Piémont, le Milanais, la Toscane, et rejette les Autrichiens derrière le Mincio.

Il était défendu, de part et d'autre, d'envoyer des détachements en Allemagne.

ment enveloppés que M. de Mélas a demandé à capituler. Bonaparte y a consenti à la condition que toutes les places de l'Italie, moins Mantoue, lui seraient à l'instant livrées. Mélas aurait voulu avoir l'assentiment de l'Empereur avant de signer un pareil traité.

« Il n'y a pas d'Empereur qui tienne, a répondu le consul ; ce sera ainsi, ou je prendrai le reste de votre armée, qui n'a aucun moyen de retraite. »

Mélas a dû en passer par là.

Après cet événement extraordinaire, le cabinet de Vienne n'a d'autre parti à prendre que d'accepter les propositions de paix qui lui sont faites pour la sixième fois, à moins que toutes ses têtes à perruque ne soient frappées de vertige !

10 messidor (**29** juin).

Moreau a encore battu M. de Kray (1). Il lui a fait cinq mille prisonniers, lui a pris quinze pièces

---

(1) Bataille d'Hochstett. En apprenant que Bonaparte avait heureusement franchi les Alpes, Moreau, pour obliger Kray à lui abandonner le camp retranché d'Ulm, passa le Danube, du 18 au 20 juin, entre cette ville et l'embouchure du Lech, et livra, dans les plaines d'Hochstett, une série de combats, où Lecourbe, Richepanse, Gudin, Montrichard, Hautpoul triomphèrent des efforts désespérés des Autrichiens.

Non seulement Kray abandonna son camp retranché et les

de canon. Les Autrichiens font sottise sur sottise. Ils sont perdus s'ils refusent nos propositions si modérées.

Pauline Bonaparte, qui a épousé le général de division Leclerc, il y a trois ans, est arrivée ici, hier, pour rétablir ses reins affaiblis par une première couche. Elle m'a fait prier de passer chez elle. C'est une bonne petite femme, fort douce et fort gentille. Elle m'a engagé à dîner aujourd'hui ; j'irai.

Elle ne connaît personne à Plombières et paraît tout heureuse d'avoir pour voisin un camarade de son mari. Je lui dois les soins que je voudrais qu'on eût pour toi si tu étais à sa place. D'ailleurs, à moins de lire dans l'avenir, on ne peut prévoir ce qui résultera du hasard d'une rencontre ; les bons procédés ne sont jamais perdus !

14 messidor (3 juillet).

On a donné un bal où se trouvaient soixante femmes dont plusieurs très jolies. Il n'y avait qu'une douzaine d'hommes et quatre danseurs

---

grands magasins de Donawerth et de Ratisbonne, mais il évacua la Souabe, la Franconie et la Bavière. Decaen entra, le 28 juin, à Munich, d'où l'Électeur s'était enfui la veille.

seulement. La musique écorchait les oreilles ; je n'y suis resté qu'un moment.

On m'a beaucoup engagé à danser. Eh! bourreaux ! croyez-vous que je serais à Plombières si j'étais en état de gambader ?

J'ai quitté le bal pour tenir compagnie à Mme de Montesson (1) ; elle est arrivée, il y a deux jours, avec M. Depont, que j'ai connu, à Metz, intendant de la province de Lorraine.

19 messidor (8 juillet).

Voilà Bonaparte revenu à Paris, sans la paix, qui demande plus de réflexion, de précautions, d'arrangements, de conditions !

Il faut ménager les intérêts respectifs ; le vainqueur, qui dicte ses conditions, ne doit pas se montrer trop exigeant, de peur de rallumer l'incendie au lieu de l'éteindre. Un *gouvernant,* quelles que soient les faveurs dont l'ait gratifié la Fortune, doit être assez adroit pour ne mettre que son *grain* dans la balance politique. S'il cherche à la faire pencher entièrement de son côté, son règne

(1) Charlotte-Jeanne Béraud de La Haye de Riou, marquise de Montesson, veuve (morganatique), depuis 1785, de Louis-Philippe d'Orléans, petit-fils du Régent. Elle avait soixante-trois ans en 1800.

sera éphémère et ses lauriers se faneront. C'est une paix solide qu'il nous faut ; nous ne l'obtiendrons qu'en renonçant aux prétentions exagérées des directeurs. Bonaparte l'a senti ; il a quitté l'Italie avec la certitude que, sous très peu de temps, cette grande œuvre serait terminée.

J'ai annoncé que la campagne ne serait pas longue et que le résultat des étonnantes conceptions du premier Consul tiendrait du miracle ; tu vois si je me suis trompé !

Mme de Montesson m'a fait lire une lettre de Mme Bonaparte très rassurante. Son mari lui annonce qu'avant un mois tout sera fini. Le cabinet de Saint-James cherche à se rapprocher et prend des biais pour entamer des négociations. Espérons que la tranquillité sera bientôt rendue à notre malheureuse patrie ; que nous pourrons jouir, dans le calme, sous la protection d'un gouvernement sage, du fruit de nos travaux, en trouvant notre récompense dans l'union de nos concitoyens.

Trop heureux de leur avoir sacrifié, pendant neuf ans, notre sang, notre repos, notre santé et nos plus douces affections !

23 messidor (12 juillet).

La nouvelle d'un armistice sur le Danube est prématurée. Il était près de se conclure ; mais Moreau, maître de la Bavière, s'est montré un peu plus exigeant.

Vallin m'écrit que l'affaire est encore en litige, mais qu'elle va se terminer.

Je le crois d'autant plus volontiers que l'armée autrichienne, constamment battue depuis l'ouverture de la campagne, est très réduite et fort découragée ; tandis que la nôtre, toujours victorieuse, a gagné en nombre, en énergie et en bravoure.

Voilà ce qui déterminera M. de Kray à souscrire aux conditions de Moreau. Cette campagne devait être courte ; la voilà presque terminée.

5 thermidor (24 juillet).

Je partirai, le 10, pour Bâle, où mes chevaux et mes équipages arriveront le 13.

Je me rendrai de là à Constance, d'où j'enverrai un officier à Moreau, pour lui demander ma destination.

L'armistice (1) est enfin conclu.

(1) Armistice de Parsdorf, 15 juillet. « Suspension jusqu'au

8 thermidor (**27** juillet).

Leclerc vient d'arriver à Plombières pour prendre quelques bains, dont il a besoin. Nous avons dîné ensemble.

— « Général, je ne vous croyais plus ici, m'a-t-il dit.

— « Où voulez-vous que j'aille, dans l'état où vous me voyez?

— « Il est pénible, mais il ne peut vous empêcher de remplir vos nouvelles fonctions.

— « Quelles fonctions?

— « N'êtes-vous pas inspecteur général aux revues?

— « Pas que je sache !

— « Eh bien ! il n'y a que l'absence de mon beau-frère Bonaparte qui ait pu retarder votre nomination. Il l'a promise d'une manière trop positive, pour que la place soit donnée à un autre. Il suffirait de lui rafraîchir la mémoire; pourquoi ne le faites-vous pas?

11 septembre des hostilités dans le Tyrol, la Suisse et les Grisons. La reprise devra être annoncée respectivement douze jours d'avance. Les places de Philipsbourg, Ulm, Ingolstadt resteront bloquées par les Français, mais elles pourront se ravitailler tous les dix jours. »

14

— « Ce serait la première fois que je demande-
rais quelque chose pour moi.

— « Alors, je m'en charge. Demain, je lui écrirai ; je vais le presser de tenir sa parole. »

Bonaparte aime beaucoup Leclerc et a grande
confiance en lui. Laissons faire et attendons les
événements avec tranquillité.

Bâle, 24 thermidor (12 août).

J'ai envoyé un officier à Moreau pour lui demander ce qu'il voulait faire de moi. Il me répond
« qu'en ce moment il ne peut me donner un commandement ; mais que, très incessamment, il me
placera d'une manière avantageuse ; qu'en attendant, j'achève ma guérison sans m'éloigner de
l'armée. »

Pour m'en faciliter les moyens, il m'envoie cinquante louis à titre de gratification.

26 thermidor (14 août).

J'ai reçu, ma bien et doublement aimée Calixte,
les lettres de ton père m'apprenant ton heureux
accouchement (1). Tu devines la joie que m'a
causée cette nouvelle. On me dit que ton petit

(1) Élevé au Prytanée, entré à Saint-Cyr, en 1818, avec

Félix est joli, gracieux, à croquer! Alors, il te ressemble; ce qui prouve qu'il a déjà de l'esprit. Comme je voudrais vous embrasser tous les trois!

4 fructidor (22 août).

J'habite dans la meilleure maison de Bâle, chez de riches négociants, dont j'ai fait la connaissance avant mon départ pour l'Irlande.

J'y trouve bon visage, bons procédés, bonne compagnie, bonne table, jardin spacieux et magnifique, bains commodes; c'est charmant!

Je t'ai envoyé une romance de ma composition; tu ne me dis même pas comment tu l'as trouvée! On m'a assuré que les paroles allaient bien avec la musique. Tu as eu de si grandes affaires à terminer depuis cet envoi que tu n'as pas essayé cela sur ta guitare; tant pis!

Je ne quitterai pas Bâle sans t'avoir acheté du bazin, des robes de mousseline anglaise et tout ce

---

Victor, son frère aîné, Félix Hardÿ fut, après une brillante carrière, tué en Crimée, au *Mamelon vert*, le 7 juin 1855, comme colonel du 11ᵉ Léger. L'Empereur avait déjà signé sa nomination de général, sur la proposition de Pélissier, ancien aide de camp du général Vallin.

De son mariage avec Mlle de Périni, Félix Hardÿ a eu un fils, qui est le général Hardÿ de Périni.

qui pourra te convenir. J'y joindrai de quoi habiller Victor et Félix. Je consacrerai à ces achats vingt-cinq des cinquante louis que Moreau m'a donnés.

14 fructidor (1ᵉʳ septembre).

Grenier (1) et Ney m'ont tenu parole ; mon cher Vallin est enfin chef d'escadrons ; j'en ai ressenti le plus vif plaisir.

Le thermomètre politique est à la paix ; Thugut, le ministre impérial acharné à la continuation de la guerre (et qui a reçu de Londres force guinées à cet effet), est remercié et remplacé par le comte de Cobenzel, le signataire du traité de Campo-Formio.

Si la paix se conclut cet hiver, nous reconstituerons, au printemps, notre gentil ménage de Troissy. Nous vivrons comme de bons campagnards, sans luxe ni profusion.

Tu verras qu'une honnête médiocrité, guidée par la sage économie, donne l'aisance et vaut mieux que la fortune sans l'ordre.

Moreau m'a fait réserver quatre très beaux chevaux, qui m'attendent à Neubourg.

---

(1) Il avait remplacé dans le commandement de l'aile gauche le lieutenant général Gouvion-Saint-Cyr, brouillé avec Moreau. Sainte-Suzanne, envoyé sur le Rhin, avait cédé à Richepanse le commandement du centre de l'armée d'Allemagne.

Tu vois qu'il ne m'oublie pas; j'espère que je ne tarderai pas à le rejoindre, et, si les hostilités recommencent, je lui revaudrai cela l'épée à la main.

Je fais faire pour notre fils aîné, le turbulent Victor, un habit de hussard. Je le lui enverrai, avec un sabre, qui fera grand bruit sur le pavé. Donnons-lui des goûts belliqueux dès le premier âge, pour qu'à vingt ans il ne ressemble pas au voisin Martial.

18 fructidor (5 septembre).

Je fais mes malles pour rejoindre Moreau à Augsbourg; j'y serai le 22 fructidor.

XVI

CAMPAGNE DE BAVIÈRE

Armée d'Allemagne.

Munich, le troisième jour complémentaire an VIII
(**20** septembre 1800).

Le courrier si impatiemment attendu a enfin
apporté les dépêches contenant les contre-propo-
sitions de Bonaparte à celles de l'Empereur.

Ces messieurs de Vienne ont l'oreille très basse
et paraissent enfin décidés à la paix.

On leur a proposé de prolonger l'armistice pour
entamer les négociations, à la condition qu'ils
nous livreraient les forteresses de Philipsbourg,
Ulm et Ingolstadt, en garantie de leur bonne foi
et de leurs intentions pacifiques.

L'Empereur avait demandé vingt-quatre heures
de réflexion, mais, dès cette nuit, il a envoyé un
courrier à Moreau, pour lui dire qu'il pouvait, à
l'instant, envoyer un officier aux avant-postes, afin

de régler avec le comte de Lehrbach les conditions de la remise des trois forteresses.

Ainsi, la belle armée du Rhin, qui vient de quitter ses cantonnements avec l'espoir de pénétrer dans les États héréditaires et qui *jubilait* de se porter en avant, n'aura pas une amorce à brûler; elle va reprendre de nouveaux cantonnements en Souabe et en Bavière. Il n'y a plus à douter que nous aurons définitivement la paix avant un mois.

Moreau va former des arrondissements; j'en aurai un. En attendant, je reste à Munich, où j'habite, avec Vallin, le palais de l'Électeur. J'ai une table de vingt couverts et, à ma disposition, la pharmacie et les bains de la Cour. Le tout, *gratis pro Deo;* c'est autant de pris sur l'ennemi!

Tout est ici d'une cherté folle, et encore n'y trouve-t-on rien qui vaille!

Sauvage m'annonce qu'au retour d'une mission dont le ministre l'a chargé, il a été nommé chef d'escadrons à la suite du 6ᵉ hussards. Voilà donc mes deux aides de camp hussards et chefs d'escadrons.

Sauvage ne me paraît pas malheureux; il a eu son épaulette à meilleur compte que Vallin, qui n'a pas non plus à se plaindre.

3 vendémiaire an IX (**25** septembre **1800**).

Les divisions ont repris les cantonnements qu'elles avaient en Bavière et en Souabe avant la rupture de l'armistice (1).

16 vendémiaire (8 octobre).

Le parti de Thugut est enfin culbuté. L'Empereur, à son retour de Vienne (2), a montré du caractère, et la faction ennemie de la paix a eu le dessous. Le comte de Lehrbach remplace Thugut au ministère ; Cobentzel ira au congrès de Lunéville (3).

(1) L'armistice de Parsdorf finissait le 11 septembre. Le Premier Consul autorisa Moreau à le prolonger jusqu'au 15 novembre. La convention fut signée, le 17 septembre, à Hohenlinden et causa la même joie à Vienne qu'à Paris. On aspirait à la paix. L'archiduc Charles devenait généralissime des armées de l'Empire, et son jeune frère l'archiduc Jean remplaçait le baron de Kray à celle du Danube. Les deux armées, française et autrichienne, étaient séparées par l'Iser ; chacune devait s'en tenir à trois mille toises.

(2) François II était venu, le 7 septembre, à Alt-OEting, au quartier général de l'armée du Danube, qui lui avait fait un accueil enthousiaste. Il était retourné dans sa capitale après la convention d'Hohenlinden.

(3) Il ne s'ouvrit que le 9 novembre ; Joseph Bonaparte y représentait le Premier Consul ; Cobentzel, l'Empereur. L'Angleterre ayant refusé l'armistice naval que la France avait proposé, Bonaparte ne voulut pas consentir à l'envoi d'un délégué

En attendant, l'armée, bien cantonnée en Franconie, en Souabe et en Bavière, vit aux dépens du pays, sans qu'il en coûte un sou à la République.

27 vendémiaire (19 octobre).

Les maudits Anglais travaillent plus que jamais le cabinet de Vienne, sur lequel ils ont déversé des tonneaux d'or.

Heureusement, chacune de leurs guinées ne vaut pas un homme tirant un coup de fusil ou de canon. C'est la pénurie d'hommes qui forcera l'Empereur à accepter les propositions qu'on lui a faites. La paix sera-t-elle bien sincère de sa part et durera-t-elle bien longtemps, j'en doute.

Par-ci, par-là, quelques officiers viennent me voir dans mon palais électoral.

La table est toujours servie pour douze personnes, parce que ces gens-là savent qu'il me revient douze couverts.

A Bernadotte, à Paris.

28 vendémiaire an IX (**20** octobre).

Tu as demandé pour moi au Premier Consul la

du roi Georges. On ne put s'entendre; les négociations furent rompues, le **26** novembre, par la reprise des hostilités en Bavière.

place d'inspecteur général aux revues; il te l'a promise et ne tient pas sa parole. J'apprends aujourd'hui, avec une surprise extrême, qu'on me fait la grâce de me donner un emploi de simple inspecteur aux revues. La première fonction m'aurait plu, — dans le temps, — parce qu'elle était assimilée à mon grade et qu'elle convenait à ma santé très éprouvée.

Aujourd'hui que j'ai repris du service, je ne sacrifierais pas le commandement d'une division au plaisir d'être inspecteur général; à plus forte raison, n'accepterai-je pas d'être simple inspecteur.

J'ai près de vingt ans de services; il y a sept ans que je suis officier général; je fais la guerre sans interruption depuis 1792; j'ai autant de droit qu'un autre à être conservé. Si, pourtant, le Premier Consul ne me juge pas digne de figurer au nombre des élus, il est *constitutionnellement le maître* de disposer de mon sort *à sa volonté;* je supporterai tout avec courage, hormis une humiliation.

Dis à Bonaparte qu'il peut disposer de cette place en faveur d'un quartier-maître (1) ou d'un

(1) Les quartiers-maîtres, créés par Choiseul, le 10 décembre 1762, étaient les *officiers de détails*, chargés de la solde,

commissaire des guerres (1). Je n'ai pas couru les hasards de la guerre pour rétrograder au moment de la paix.

du casernement et des distributions. En 1772, on les appelait *quartiers-maîtres trésoriers*. Un décret du 18 nivôse an IV (8 janvier 1796) en créa deux par régiment, l'un au dépôt, l'autre à l'armée.

(1) Les *commis aux montres* (ou revues), institués, en 1356, par Jean le Bon, étaient choisis par les maréchaux de France, parmi les hommes d'armes ayant servi six ans au moins dans une compagnie d'ordonnance.

Jusqu'à Charles IX, ils ne furent que les agents subalternes du connétable et des maréchaux. Leur importance s'accrut pendant les guerres de religion ; il y eut des commissaires aux vivres, aux montres, à la conduite. Charles IX, en 1567, créa les commissaires ordinaires des guerres, agents du roi. Il y en avait 50, en 1610. Ils passaient les garnisons en revue, déterminaient l'effectif des compagnies et faisaient la chasse aux *passe-volants*.

Louis XIV leur imposa un cautionnement de 33,000 livres et l'obligation de cinq ans de service actif.

En 1788, 127 commissaires ordinaires, ordonnateurs principaux ou provinciaux réformaient les soldats hors d'état de servir, siégeaient aux conseils judiciaires des régiments, administraient les hôpitaux, surveillaient les arsenaux, passaient des revues d'effectif.

Sous la Révolution, leur nombre s'éleva à 600, dont 40 ordonnateurs ; les autres étaient de 1re ou de 2e classe. L'arrêté des consuls du 9 pluviôse an VIII, qui créait l'inspection des revues, les réduisit à 200, assimilés, suivant leur classe, aux chefs de bataillon ou aux capitaines.

Ils concourent, en 1817, à la formation du corps de l'intendance.

A madame Hardÿ.

2 brumaire (24 octobre).

MM. les plénipotentiaires se rendent à Lunéville. Dieu veuille qu'ils s'arrangent une bonne fois, et cela arrivera si, de part et d'autre, on y met de la loyauté et de la franchise.

Cobentzel est passé ici, il y a quatre jours; nous serions allés le voir à son passage, mais il nous avait fait prier d'avance, par un officier qu'il a envoyé à mon camarade Decaen, de le dispenser de tout cérémonial et de lui permettre de garder l'incognito jusqu'à Strasbourg.

Nous ne nous sommes pas dérangés, mais tout ce qui reste ici de la Cour électorale s'est présenté à sa porte pour lui faire des *salamalecs;* il n'a voulu voir personne.

Les généraux en chef ont été appelés à Paris, pour être consultés sur le travail de réforme qui va avoir lieu. Il est à désirer que cette opération importante soit basée sur l'équité. On ne peut pas conserver un si grand nombre de généraux, mais la réforme fera beaucoup de mécontents.

Quelques précautions que prenne le gouvernement, il se glissera toujours des injustices.

Les hommes qui perdent leurs places n'ont pas envie de rire, et bien peu se connaissent assez pour ne pas s'abuser sur leur propre mérite.

6 brumaire (28 octobre).

Le gouvernement nous travaille d'importance; le nombre des généraux de division est fixé à cent vingt. On prend parmi eux ce qui est nécessaire pour le service; le reste est en non-activité, à la disposition du gouvernement.

Ces cent vingt généraux sont fort bien traités; mais ceux qui ont leur retraite, le seront très mal.

14 brumaire (5 novembre).

Aussitôt que le soleil se montre, je cours au jardin anglais et m'y promène pendant une bonne heure. Cet exercice me fait un bien infini.

On est ici dans l'inquiétude; l'occupation de la Toscane (1) par nos troupes fait craindre la rup-

---

(1) La Toscane était placée par la convention d'Alexandrie au delà de la ligne de démarcation des deux armées.

Le marquis de Sommariva, représentant du grand-duc en fuite, et commandant des troupes autrichiennes, fomenta contre les Français un soulèvement que Brune, général en chef de l'armée d'Italie, dut repousser.

Le 15 octobre, Dupont occupa Florence, et Clément, Livourne, où il captura 46 navires anglais. Monnier et Carra

ture de l'armistice et des négociations de Lunéville.

Cette expédition m'a paru, comme à tout le
monde, fort étrange. Cependant, à force d'y réflé-
chir, je n'y vois rien d'alarmant. Je suis persuadé
que la chose s'est faite d'accord avec la maison
d'Autriche. Un officier de l'état-major de Brune
vient nous prévenir de nous mettre sur nos gardes.
Moreau écrit de Paris en date du 5, sans dire un
mot de ce qu'on doit faire ou ne pas faire.

Il y a au moins dix-huit jours que nos troupes
sont entrées à Florence et à Livourne.

Les Autrichiens n'ont encore rien dit; si cette
opération n'était pas de leur goût, nous aurions
eu déjà quelques agressions en Italie ou ici; Cobentzel aurait quitté Lunéville et Moreau serait de
retour, ou au moins en route pour rejoindre son
armée.

22 brumaire (13 novembre).

Voici le fin mot du voyage de M. de Cobentzel à
Paris. Il était chargé de négocier, à la condition
que ce serait conjointement avec l'Angleterre,

Saint-Cyr prirent d'assaut, le 19, la petite ville d'Arezzo, foyer
de l'insurrection. Sommariva se retira, avec ses troupes, dans
le duché de Ferrare, et la Toscane resta au pouvoir des Français.

dont l'Empereur prétend ne pas pouvoir se détacher sans manquer à ses engagements.

Bonaparte dit alors à Cobentzel :

« Qu'il avait la certitude que le gouvernement anglais ne voulait pas et ne pouvait pas vouloir la paix continentale;

« Que les pouvoirs qu'il avait reçus n'indiquaient aucune sincérité, aucune bonne foi de la part de l'Empereur;

« Que, puisque François II ne voulait que gagner du temps, c'était à la France à le prévenir. »

L'ordre fut aussitôt envoyé de rompre l'armistice; dans douze jours, on sera de nouveau aux prises.

Pour le coup, il faudra aller jusqu'à Vienne; l'armée y est toute disposée, quoique la saison soit peu favorable.

Il n'y a que la victoire qui puisse terminer cette grande querelle!

24 brumaire (15 novembre).

Les Autrichiens font beaucoup de mouvements; notre armée se rassemble aussi et nous attendons Moreau d'un jour à l'autre. Les courriers de Vienne à Paris, ceux de Paris à Lunéville et à

Vienne, passent tous à Munich et se succèdent très rapidement.

27 brumaire (18 novembre).

Je commence à devenir grand garçon. Depuis trois jours, je monte à cheval et cet exercice me fait du bien.

La neige est tombée à gros flocons toute la matinée. Ce soir, nous sommes enveloppés d'un brouillard fort épais ; aussi je souffre des reins.

Moreau arrivera le 1er frimaire et, le 7, le bal recommencera. L'armée est en mouvement et se rapproche du champ de bataille.

5 frimaire (26 novembre).

Moreau m'a donné la division de réserve de l'aile gauche, où commande le lieutenant général Grenier, un vieil ami, qui m'a accueilli avec l'empressement le plus affectueux. Moreau est très content de notre intimité.

C'est après-demain qu'expire l'armistice. Cependant, le signal du combat sera différé de quelques jours, parce qu'on attend le retour du courrier que Cobentzel a expédié à l'Empereur pour savoir si, définitivement, il veut ou non traiter sans le concours de l'Angleterre.

L'armée est superbe (1) et composée de cent mille hommes qui ne demandent qu'à marcher. Pour cette fois, il est certain que, l'épée tirée, nous ne la remettrons au fourreau que quand la paix sera signée.

Je passerai demain mes troupes (2) en revue.

Il n'y a pas de temps à perdre pour se mettre en mesure de livrer bataille après-demain, si nous en recevons l'ordre du général en chef.

ORDRE DU JOUR DE L'ARMÉE DU RHIN DU 11 FRIMAIRE AN IX (2 DÉCEMBRE 1800).

Combat d'Ampfingen.

L'armée est prévenue que les deux divisions Hardÿ et Ney, du lieutenant général Grenier, qui n'étaient composées que de treize bataillons et de cinq régiments de cavalerie, ont été attaquées

(1) *Général en chef*, Moreau ; *chef d'état-major*, Dessoles ; **aile droite**, *lieutenant général* Lecourbe ; *divisions*, Molitor, Gudin, Nansouty ; centre, Richepanse ; *divisions*, Grandjean, Grouchy, Decaen ; aile gauche, Grenier ; *divisions*, Ney, Hardÿ, Legrand ; *réserve de cavalerie*, d'Hautpoul.

(2) **Composition de la division Hardÿ** : généraux, Bastoul, Bonnet, Fauconnet ; *infanterie*, 53e et 89e demi-brigades ; *cavalerie*, 23e chasseurs, 2e dragons, 13e et 17e de cavalerie ; *artillerie*, 2 compagnies du 3e d'artillerie légère ; *génie*, une demi-compagnie de sapeurs.

aujourd'hui par la totalité de l'armée ennemie (1).

Le général en chef, ne voulant pas livrer un

---

(1) *Bulletin des opérations : division Hardÿ*. — La division Hardÿ fut attaquée à la pointe du jour, dans sa position de Hann, par une colonne considérable d'infanterie avec du canon. Ses avant-postes furent forcés de se retirer en deçà du ruisseau de Ratkirchen; mais ils y arrêtèrent longtemps l'ennemi par une vive fusillade, bien soutenue.

Un bataillon se porta rapidement à la rencontre d'une deuxième colonne ennemie, qui se dirigeait sur le flanc gauche de la division par le ravin de Ratkirchen.

Le bataillon fit preuve de la plus grande bravoure en résistant à l'ennemi; mais les forces des Autrichiens augmentant, la division fit un mouvement rétrograde, et se porta en arrière de Hann, faisant en même temps, par une conversion à gauche, face aux deux colonnes ennemies. Le combat fut très opiniâtre.

Pendant que l'ennemi attaquait de front avec des forces bien supérieures, il manœuvrait aussi par le flanc gauche.

A deux heures, le général Grenier ordonnait la retraite de la division sur Haag. Cette retraite se fit en bon ordre, par les hauteurs à gauche de la grande route; on profita de toutes les positions avantageuses pour arrêter les progrès de l'ennemi; et, le soir, la division prit position en avant de Haage, à cheval sur la grande route de Mülhdorf.

Toutes les troupes du général Hardÿ se sont distinguées à l'envi; elles ont montré une fermeté et un courage extraordinaires.

La cavalerie, et principalement l'artillerie, se sont faites remarquer par leur bonne contenance et leur audace.

Le général Hardÿ, commandant la division, a été blessé dans cette bataille, un officier de son état-major a été tué à ses côtés.

Le général de brigade Bastoul, auquel il a été forcé de re-

combat inégal, a ordonné un mouvement rétrograde et la réunion de l'armée. Il a vu avec plaisir
l'ardeur des troupes et le dévouement des chefs.
Bientôt, il leur fournira l'occasion de les déployer
de nouveau.

Toute la République a les yeux sur la brave
armée du Rhin; elle répondra à son attente par
de nouvelles victoires!

MOREAU.

Hardŷ à sa femme.

Munich, **12** frimaire (3 décembre).

Depuis que j'ai quitté Munich, j'ai toujours été
à cheval. Nous avons eu hier une bataille sérieuse,
qui a duré de six heures du matin jusqu'à la nuit.
L'ennemi était en forces triples des nôtres; il n'y

mettre le commandement, a déployé son sang-froid et ses
talents connus.

Pertes : **700** hommes tués, **2** pièces démontées.

Cette journée, où nos troupes ont combattu contre un ennemi trois fois plus nombreux, a coûté au moins aussi cher à
l'ennemi qu'à nous-mêmes. Le général Hardŷ a démontré
qu'il était également capable de diriger de grandes opérations
offensives et de couvrir une retraite. Le lieutenant général
Grenier lui a décerné les plus grands éloges.

Le général de division, chef d'état-major,
DESSOLES.

avait que la division Ney et la mienne pour lui résister sur le point d'attaque. Nous nous sommes battus comme des lions et nous n'avons fait que changer de position, la nôtre n'étant pas tenable avec aussi peu de monde.

Nous prendrons notre revanche dans deux ou trois jours. Je ne serai pas de la partie, ayant eu hier la main gauche percée d'une balle, au moment où je menais, pour la troisième fois, mon infanterie à la charge.

Ma blessure n'est pas dangereuse, mais elle sera longue à guérir.

Permets-moi de remettre au prochain courrier plus de détails. Je souffre beaucoup et ai besoin de repos.

Je t'embrasse de tout mon cœur, ainsi que nos chers enfants.

P.-S. — Je suis revenu à Munich, où il y a d'excellents chirurgiens.

13 frimaire (4 décembre).

On vient de lever le premier appareil ; les plaies sont très belles ; demain, la suppuration sera établie. Je n'ai pas de fièvre, l'appétit est bon, mais je ne puis le satisfaire et ce n'est point une privation ; mes longues souffrances m'ont rendu raisonnable.

L'armée a déjà pris sa revanche. Hier, nous avons complètement battu l'ennemi (1). Moreau

(1) Bataille de Hohenlinden. Le combat d'Ampfingen, où 77,000 Austro-Bavarois n'avaient pas réussi à entamer 20,000 Français, donnait à l'archiduc Jean toutes les audaces. Sa confiance s'accrut encore quand il vit, le 2 décembre, Moreau concentrer ses troupes et les replier derrière la forêt de Hohenlinden. Le jeune général en chef ne se doutait pas que son habile adversaire voulait l'attirer sur un champ de bataille longuement étudié pendant les loisirs de l'armistice, où le sol, coupé de ruisseaux et de fossés, parsemé de mamelons, d'escarpements et de bois épais paralyserait l'action de sa cavalerie, rendrait sa supériorité en artillerie inutile et livrerait sa médiocre infanterie à la *furia* des grenadiers français.

La neige tombait, fouettant les visages, effaçant les chemins que le charriage des bois et les pluies d'automne avaient déjà rendus impraticables. L'archiduc n'hésita pas, cependant, le 3 décembre à la pointe du jour, à conduire sa belle armée au combat.

Il avait formé trois colonnes. La principale, celle du centre, suivait la chaussée de Mülsdorf à Munich, qui traverse la forêt de Hohenlinden. En tête, la plus grande partie de l'infanterie autrichienne et bavaroise ; puis le parc d'artillerie, suivi d'une réserve de grenadiers hongrois ; derrière, toute la cavalerie. Deux colonnes latérales suivaient, comme elles pouvaient, des directions parallèles. L'archiduc leur avait donné rendez-vous dans la plaine de Hohenlinden, au delà de la forêt, où il devait être également rejoint par le corps qu'il avait, depuis trois jours, détaché sur sa droite pour tourner l'aile gauche des Français.

Moreau devinant les projets de l'archiduc Jean, comme

s'est arrangé de manière à abréger les tentatives de l'archiduc Jean. Il lui a fait six mille prisonniers, dont trois généraux, deux colonels; il a pris quatre-vingts pièces de canons et trois cents caissons. Un corps de dix mille hommes est bloqué dans les bois et n'en sortira qu'en mettant bas les armes.

On me raconte que mes amis Ney et Richepanse ont accompli des prodiges d'audace et d'intrépidité.

La grande colonne du centre, conduite par l'archiduc, s'était engagée sur la chaussée de Munich,

Bonaparte avait, à Marengo, prévu ceux de Mélas, dirigea Richepanse contre la queue de la colonne principale, pendant que Grouchy l'arrètait au débouché de la forêt et que Ney l'attaquait furieusement en flanc. A deux heures, l'infanterie austro-bavaroise était rompue et dispersée dans les taillis, le parc d'artillerie était pris et la cavalerie, ne sachant où charger, se repliait vers Mulsdorf. Les colonnes latérales, égarées dans la neige, combattirent en désespérés pour sauver l'honneur. La cavalerie se dévoua pour couvrir la retraite, mais le désastre était complet : 100 canons pris, 6,000 morts, 11,000 prisonniers.

Moreau déclara modestement qu'il devait sa victoire à l'initiative de Richepanse, aux belles manœuvres de Grenier et à la vaillance de ses soldats, entrainés par l'exemple de leurs généraux, Ney, Grouchy, Grandjean, Decaen, Bastoul, Bonnet, Walter et Kniasewitz.

Il la devait surtout à sa science de la guerre, à l'exactitude avec laquelle son plan avait été compris et ses ordres exécutés.

dans le long défilé qui traverse les bois d'Hohen-linden. Il y avait toute la belle infanterie hongroise, le parc d'artillerie, la réserve de cavalerie. Ney a attaqué furieusement cette colonne en flanc avec la moitié de sa division, pendant que Richepanse l'assaillait en queue avec une seule demi-brigade, la 48ᵉ.

Trois bataillons hongrois se détachent de la chaussée et, précédés d'une nuée de tirailleurs, sortent du bois, en colonne serrée, pour attaquer Richepanse.

— « Grenadiers de la 48ᵉ, crie le général en montrant les Hongrois de la pointe de son sabre, que pensez-vous de ces gens-là?

— « Qu'ils sont morts! » répondent cinq cents voix.

Et l'on court au-devant d'eux, baïonnettes basses; on les renverse malgré leur vaillance et on les rejette dans le défilé, où s'entassent ceux qui fuient déjà devant Ney.

C'est ainsi que la déroute a commencé.

Les prisonniers passent, en ce moment, sous mes croisées.

Ceci n'est que le prélude de ce qui arrivera dans peu de jours. Bonaparte va faire un coup de maitre, que je ne puis pas te communiquer (quoique je sois dans le secret) parce que ma lettre pourrait se perdre. Sache seulement qu'avant trois semaines, la campagne sera terminée et la paix signée sur le champ de bataille.

Je regrette bien vivement d'avoir été blessé quinze jours trop tôt. Heureusement, c'est à la main gauche; la droite me reste pour t'écrire. Chaque courrier te portera de mes nouvelles.

Bonaparte s'est clairement prononcé au sujet de la réforme. Tous ceux qui ont fait la guerre sont conservés de plein droit; la réforme n'atteindra que ceux qui, depuis huit ou neuf ans, ont fait les beaux bras à Paris, dans les antichambres des ministres, ou qui, par leurs intrigues, se sont fait donner des emplois là où il n'y a pas à craindre d'être blessé ou tué.

Je n'ai pas, comme tant d'autres, fait fortune à la guerre; mais ma place suffit pour nous faire vivre honorablement.

Je ne suis ni bien malade, ni bien triste; foin de la mélancolie! J'ai bon appétit et, dans quelques jours, je ne serai plus à la diète.

En ce moment arrivent à Munich deux généraux qui ont eu le même sort que moi. L'un est Walter, général de brigade, et l'autre Bastoul, qui commandait ma division le 12 frimaire. Celui-ci est en danger de perdre une jambe; l'autre s'en tirera.

16 frimaire (7 décembre).

Nous avons pris à l'ennemi cent trois pièces de canon et dix à onze mille prisonniers. Des dix mille Autrichiens qui étaient bloqués dans la forêt, une grande partie s'est échappée à la faveur des ténèbres.

Cette affaire et celle du 10, qui m'a été si funeste, coûtent aux ennemis plus de vingt mille hommes, tant tués que blessés et prisonniers.

L'armée va passer l'Inn, qui sépare l'Autriche de la Bavière. Après-demain, elle entrera dans les États héréditaires, où l'on n'a pas vu de Français depuis 1741.

Ma blessure va aussi bien que possible. J'ai eu la fièvre et un violent mal de tête toute la nuit dernière; ce matin, je souffre peu.

P.-S. — Envoie-moi la grosseur de la tête de Victor, je lui ferai faire un joli chapeau.

20 frimaire (11 décembre).

L'armée a passé l'Inn, hier, à quatre heures du matin, fort heureusement, dit-on. Nous n'avons point encore les détails officiels. L'armée des Grisons (1) est au cœur du Tyrol et menace les derrières de l'armée autrichienne d'Italie.

Leclerc à Hardÿ.

Paris, le **21** frimaire an IX (**12** décembre).

Hier, mon cher général, le premier Consul vous a nommé inspecteur général aux revues. Je m'empresse de vous annoncer cette nouvelle qui, je crois, vous sera agréable.

Le gouvernement vous a rendu la justice qui vous était due, et je m'en réjouis.

Je n'oublierai pas, mon cher général, nos bons rapports de Plombières et j'attacherai toujours infiniment de prix à votre estime et à votre amitié, que je vous prie de me conserver.

Salut amical.

LECLERC.

(1) 12,000 hommes en quatre divisions (Baraguey-d'Hilliers, Rey, Morlot, Vandamme) sous le commandement de Macdonald, ayant pour chef d'état-major le général Mathieu Dumas. Verrières commandait l'artillerie, Laboissière la cavalerie. L'armée des Grisons, opposée au corps autrichien d'Hiller, avait pour mission de relier entre elles les armées d'Allemagne et d'Italie. Macdonald franchit le Splugen, le 6 décembre, sous les avalanches, au prix d'efforts inouïs, occupa la Valteline, refoula Hiller dans le Tyrol et forma l'extrème gauche de l'armée d'Italie déployée devant le Mincio.

Je pars pour Lyon, où je vais former un corps d'armée.

Hardÿ à sa femme.

Munich, **22** frimaire (**13** décembre).

Tout va au mieux de notre côté. Il importe maintenant de savoir où est l'armée d'Italie ; ses succès contribueront autant que les nôtres à terminer cette horrible lutte. Ce n'est plus pour nous agrandir que nous combattons, mais pour arrêter l'effusion du sang et donner la paix à l'Europe. Quand on défend la bonne cause, on a bon espoir.

26 frimaire (**17** décembre).

Voilà l'Angleterre aux prises avec les puissances du Nord ; elle aura moins d'or à verser dans les coffres de l'Empereur !

La Prusse et la Russie s'emparent de Hambourg et ferment l'entrée des ports de la Baltique aux Anglais, qui y apportaient une quantité prodigieuse de marchandises, par lesquelles ils tenaient leurs engagements avec l'Empire.

Le roi Georges ne pourra plus tirer de grains de l'Allemagne et, par ce commerce d'échange, nourrir une partie de son peuple.

Il devra rabattre de ses prétentions et renoncer à son système de dévastation.

Je crois, comme le disaient les généraux autrichiens après Hohenlinden, que l'Empereur n'a rien de mieux à faire que la paix.

Je vois passer jusqu'à quatre courriers par jour, allant de Vienne à Paris ou à Lunéville.

28 frimaire (19 décembre).

L'emploi d'inspecteur général aux revues fixe ma résidence à Paris, avec un traitement de vingt-cinq mille francs. C'est très joli, surtout à la veille de la paix ; on ne peut pas être mieux traité. Quand je recevrai l'avis officiel, je me rendrai à Paris. Là, je ferai au premier Consul ces deux questions :

— « Cette place ne me prive-t-elle pas de mon grade ? Conserverai-je le droit de rentrer en ligne comme général divisionnaire quand bon me semblera ou quand les circonstances me l'imposeront ? »

Si oui, j'accepte ; si non, je refuse le nouveau brevet comme j'ai refusé le premier.

Rien ne me fera renoncer au grade de divisionnaire, que j'ai acheté par dix ans de fatigues, de peines, de malheurs et au prix de mon sang.

Sainte-Suzanne et plusieurs autres généraux

étaient chez moi ce matin, quand on a apporté la lettre de Leclerc. Je leur en ai fait part, ainsi que du parti que je prenais.

Tous y ont applaudi en me félicitant.

L'armée est déjà à plus de cinquante lieues de Munich. Les Autrichiens se sont retirés derrière l'Ems. C'est là que se fera la paix.

30 frimaire (21 décembre).

Tu recevras incessamment un joli petit habit de hussard pour Victor. Il a été mis à la diligence de Paris à Mézières, le 16.

Sauvage est arrivé, hier au soir, avec le commissaire des guerres qui m'accompagnait en Irlande. Il m'a apporté une lettre de Bernadotte, répétant que c'est par erreur que l'on m'a expédié le brevet de simple inspecteur aux revues ; Bonaparte lui-même a été trompé à ce sujet.

« Mais, continue-t-il, le Premier Consul, complètement éclairé sur tes services, m'a promis pour toi la place d'inspecteur général. Il a donné des ordres en conséquence au ministre de la guerre. Je lui ai observé que tu préférais rester en ligne, que ton intention n'était pas de renoncer à ton grade. Il m'a répondu que cet emploi ne t'empêchait pas d'être conservé sur le tableau des

officiers généraux; que les généraux Olivier et
Gauthier (tous deux inspecteurs généraux) étaient
dans le même cas. »

Les questions que j'avais l'intention de poser au
Premier Consul se trouvent ainsi résolues; j'accepte l'emploi.

4 nivôse (25 décembre).

L'armée est au cœur des États héréditaires.
Elle y trouve facilement à subsister. Moreau lève
des contributions suffisantes pour aligner la solde
arriérée.

Nous ne savons rien de positif sur l'armée
d'Italie (1), mais les bruits de paix circulent plus
que jamais.

10 nivôse (31 décembre).

Un nouvel armistice de 45 jours est conclu, à
des conditions désastreuses pour les Autrichiens.
Ils évacuent le Tyrol, en nous cédant les places de
Passau et Braunau, les seules qui leur restaient
pour garder Vienne.

---

(1) Ce jour même (25 décembre), elle gagne la bataille de
Pozzolo, sur le Mincio, qu'elle franchit le 26, et Brune oblige
Bellegarde à se retirer derrière l'Adige.

Brune avait investi Peschiera, masqué Vérone et s'apprêtait à
passer l'Adige à Bussolengo, quand il apprit, le 1er janvier 1801,
que Moreau avait conclu avec l'archiduc Charles l'armistice de
Steyer.

Notre armée n'en est plus qu'à dix-huit lieues et, en définitive, l'Empereur a signé les préliminaires de paix dans les termes où ils avaient été arrêtés à Paris par le Premier Consul et le comte de Saint-Julien. Un courrier les porte à Paris. Quelle humiliation pour l'orgueilleuse et superbe maison d'Autriche! Quelle gloire pour la République!

Je reçois l'ordre de me rendre, sans délai, à Paris, pour y exercer les fonctions d'inspecteur en chef aux revues, en remplacement de Carnot, nommé ministre de la guerre.

Ma blessure va tellement bien que je pourrais me mettre en route dès aujourd'hui; mais je veux la laisser se consolider encore cinq ou six jours; puis je prendrai la poste.

Dès que je serai installé, je demanderai un congé de deux décades pour t'aller chercher à Philippeville et t'amener, avec Agathe et nos enfants, à Paris. Je vais écrire à un de mes amis pour qu'il m'y loue une maison commode, dans un quartier agréable.

16 nivôse (6 janvier 1801).

Je pars demain et je serais déjà en route, si le payeur avait pu me solder plus tôt les trois mois d'appointements qui m'étaient dus. Je t'écrirai en arrivant à Strasbourg, d'où il te sera expédié un pâté de foie d'oie aux truffes, que vous mangerez en famille, en buvant à ma santé.

Je passerai par Dormans, où je ne serai pas avant le 28, parce que, ne voyageant que de jour, je n'irai pas bien vite. Écris-moi à Paris, sous le couvert du ministre de la guerre.

XVII

INSPECTEUR EN CHEF AUX REVUES

De janvier à octobre 1801.

Strasbourg, 21 nivôse an IX (11 janvier 1801).

J'arrive seulement à Strasbourg. Les chemins sont si mauvais, les jours si courts, qu'il ne m'a pas été possible de faire plus de vingt lieues par jour. Encore ai-je été obligé de mettre, plusieurs fois, six chevaux à ma voiture. Me voilà à peu près à mi-chemin de Paris. Le voyage ne me fait pas souffrir; ma blessure va bien et paraît devoir se cicatriser bientôt. Breuilly se charge de te faire passer le pâté aux truffes que je t'ai annoncé dans ma dernière lettre de Munich.

Tu dois être contente de mon retour en France, ma bien-aimée. J'y arrive presque guéri, ou du moins avec la certitude que ma blessure n'aura point de suites funestes. Je viens occuper une des premières places de l'État; sans compter l'avantage inappréciable d'avoir auprès de moi ma femme et mes enfants.

Je rapporte la certitude de la paix, si ardemment désirée, qui va mettre le comble à la gloire de la République et assurer le bonheur de nos concitoyens. Nous l'avons achetée au prix de notre sang; mais il faut que chacun de nous paye, d'une manière ou d'une autre, sa dette à la Patrie et à la Liberté. Elle ne me coûte pas trop cher; des milliers de vaillants soldats sont moins heureux que moi!

J'ai quitté l'armée sous les meilleurs auspices. Au moment où je montais en voiture, mon domestique m'a apporté une paire de gants fourrés. Dans l'un d'eux, j'ai retrouvé mon médaillon; je croyais qu'on me l'avait volé à Strasbourg l'année dernière.

J'avais à peine fait dix lieues qu'un courrier m'apportait la lettre dont voici la copie.

BUREAU DES REVUES
ET DE L'ADMINISTRATION DES TROUPES
—

Paris, 15 nivôse an IX (6 janvier 1801).

Le ministre de la guerre au citoyen Hardy,
inspecteur en chef aux revues.

Je vous adresse ci-inclus, citoyen, votre brevet

d'inspecteur en chef aux revues, signé par le Premier Consul le 3 de ce mois.

Le zèle que vous avez mis, jusqu'à ce jour, dans tous les postes qui vous ont été confiés, ajoute au plaisir particulier que j'ai de vous faire cet envoi.

Alexandre BERTHIER.

Dormans, le **28** nivôse (**18** janvier).

Me voilà à Dormans, dans cette bonne famille Vallin, qui parle de toi à chaque minute et désire ardemment te posséder.

Je comptais ne rester qu'un jour et demi, mais ma blessure me fait souffrir; ma main est enflée, la route l'a échauffée. Je me reposerai demain, et, le 2 pluviôse, au matin, je serai à Paris. Je logerai rue et hôtel de Grenelle, faubourg Saint-Germain.

Dès que j'aurai vu le ministre et les consuls, dès que je serai entré en fonctions, je m'occuperai de trouver une maison commode pour loger notre petite famille.

Une fois ma besogne en train, j'irai vous chercher. Je crains bien que notre petit Félix ne puisse supporter le voyage; les routes sont si mauvaises et si dures que la meilleure voiture ne met pas les grandes personnes à l'abri de la fatigue; à plus forte raison, les tout petits enfants. Ne pourrions-nous pas le laisser à ta mère, qui nous l'amènerait au printemps; je lui enverrais ma chaise de poste pour qu'elle fasse un voyage agréable. Voyez si cela vous convient à toutes les deux.

Paris, 4 pluviôse (24 janvier).

Je suis arrivé hier, vers midi, et me suis aussitôt rendu chez le ministre de la guerre, qui m'a très bien accueilli. J'ai vu aussi trois de mes collègues, entre autres le général Olivier. Mon arrivée leur a fait plaisir. J'irai, tout à l'heure, chez Lefebvre et Bernadotte, puis je demanderai une audience au Premier Consul.

Je n'entrerai en fonctions que dans deux ou trois jours, le ministre voulant m'installer lui-même.

On me propose un joli logement, tout meublé, avec cour et jardin, au prix de 1,800 francs par an. Ce n'est pas cher; j'irai le voir dans la journée.

Le général Mortier, que tu as connu à Coblentz, où il s'est marié, m'a chargé de le rappeler à ton souvenir, ainsi que le général Olivier, qui aura grand plaisir à te revoir.

6 pluviôse (26 janvier).

J'ai vu hier le Premier Consul, à l'audience qu'il donne tous les quintidis aux militaires, après la parade.

Bernadotte et Lefebvre étaient également flattés de me présenter. Je n'ai eu besoin ni de l'un, ni de l'autre ; car, en entrant dans la salle où nous étions quarante officiers généraux ou supérieurs, le Consul est venu droit à moi et m'a dit les choses les plus obligeantes. Bernadotte s'est approché et lui a parlé de moi dans les termes que l'amitié bien sincère peut seule dicter.

Dans une heure, je me rendrai au Comité central des inspecteurs généraux et j'entrerai en fonctions. Je me mettrai bien vite au courant de ma besogne afin d'obtenir, au plus tôt, la permission d'aller te chercher.

L'inspecteur général aux revues HardŸ
à sa chère Calixte.

13 pluviôse (2 février).

J'ai trouvé un logement joli, commode, dans le plus beau quartier de Paris ; un peu cher, mais il est impossible de faire autrement. Il y a de l'eau partout, même dans la cuisine, avantage qu'on ne trouve que dans très peu de maisons à Paris.

Les appartements ne sont pas très grands; l'un d'eux a vue sur le boulevard des Italiens. Il y a un petit jardin pour Victor.

J'ai reçu ce matin ta lettre du 9, qui me presse de te rejoindre. Patience, un peu de patience, ce doux moment n'est pas éloigné!

18 pluviôse (7 février).

Sénarmont part aujourd'hui pour Belle-Isle-en-Mer, menacée par les Anglais et que la trahison a failli dernièrement leur livrer. Son père et Henriette m'ont écrit pour m'inviter à les aller voir à Dreux; mais cela n'est pas possible à présent.

24 pluviôse (13 février).

Depuis six heures du matin, le canon se fait entendre, mais ce n'est plus le canon d'alarme ni le signal de la mort!

C'est l'annonce de cette paix (1) tant désirée, qui va rendre le calme et le bonheur à notre pa-

(1) Traité de paix entre la République française et l'empereur d'Allemagne, signé à Lunéville, le 9 février 1801. Cession définitive de la Belgique et de la rive gauche du Rhin à la France; de l'Istrie, de la Dalmatie et des États vénitiens à l'Empereur.

trie. Tu viendras ici, ma bien-aimée, partager l'allégresse que cause à tout bon Français un événement aussi glorieux.

Le premier Consul m'a invité à dîner demain chez lui.

Après-demain, je partirai pour Philippeville, où j'aurai bien de la joie à t'embrasser, ainsi que Victor et Félix.

> Voilà nos gens rejoints et je laisse à penser
> De combien de plaisirs ils payèrent leurs peines !

Le général Hardy alla faire la connaissance de son petit Félix à Philippeville et il le laissa aux soins de « maman », la bonne grand'mère Hufty de Busnel.

Il ramena à Paris, dans sa jolie maison déjà meublée, la chère Calixte, sa sœur Agathe et le beau hussard Victor, qui put faire résonner son sabre sur le boulevard des Italiens.

Les cinq mois de bonheur qui suivirent n'ont pas d'histoire. Mme Hardŷ se lia étroitement avec Mme Bernadotte. Elle l'accompagna souvent aux Tuileries et à la Malmaison, où Mme Bonaparte accueillait « la belle Calixte » avec autant de bonne grâce et d'affection que le premier Consul témoignait d'estime et de confiance à son mari.

Hardŷ quitte souvent Paris; il est en Normandie en avril 1801.

Hardÿ, général de division, inspecteur en chef aux revues, à sa femme.

Rouen, 25 germinal an IX (15 avril 1801).

Nous sommes arrivés aujourd'hui, Vallin et moi, à une heure, sans accident.

Demain, de grand matin, je me rendrai à douze lieues de Rouen, pour remplir ma mission.

Embrasse Victor et Agathe, et reçois, pour toi seule, un baiser bien doux, comme je n'en donne qu'à ma Calixte.

26 germinal (16 avril).

Si j'ai terminé demain à Rouen, comme je l'espère, je serai le **28** à Paris. Envoie Comtois à Nanterre, avec mes chevaux, à huit heures du soir. Il m'attendra jusqu'à huit heures et demie; si je n'y suis pas, il rentrera à la maison et reviendra le lendemain à la même heure.

Le 17 juin, le commissaire ordonnateur Leroux (François) dénonce au ministre de la guerre que l'état-major de la 6e division militaire (1) donne au général Hardÿ le titre d'inspecteur général aux revues, alors qu'il n'a droit, d'après l'arrêté des consuls,

(1) « La division est prévenue que le général Hardÿ, *inspec-*

en date du 27 messidor an VIII, qu'à celui d'inspecteur en chef.

Le général commence, le 30 juin, une grande tournée dans l'Est; il est chargé de l'inspection des troupes de la Franche-Comté, de la Lorraine et de l'Helvétie. Avant de partir, il a installé sa famille dans une villa, à Créteil.

Hardÿ, inspecteur en chef aux revues,
à sa femme.

Dormans, 12 messidor an IX (1er juillet 1801).

Nous ne sommes arrivés qu'à une heure du matin à Dormans. Comtois t'aura conté nos péripéties dans les chemins de traverse. Une autre fois, je prendrai la grand'route.

Je suis allé hier à Troissy; l'ouvrage avance. L'escalier fera bon effet; on commence aujourd'hui le plafond du salon; la salle à manger est

teur général aux revues, va arriver incessamment et qu'il passera la revue des troupes qui la composent.

« En conséquence, les chefs de corps se prépareront sur cet objet.

« *Le général commandant la 6ᵉ division,*

MÉNARD.

Pour copie conforme,

L'adjudant commandant, chef de l'état-major
de la 6ᵉ division militaire,

« JUNKER. »

jolie. Le jardin est bien tenu; nous aurons beaucoup de fruits. Notre petit manoir est vraiment gentil.

Dijon, 15 messidor (4 juillet).

Je m'arrête à Dijon pour prendre quelques bains; ma main blessée ne peut pas s'en passer. J'en trouverai heureusement à Besançon, à Lausanne, à Yverdun, à Berne et à Bâle. Je voudrais bien me guérir, tout en faisant les affaires de l'État.

Mme L... vient d'arriver; la descente de la voiture était une curiosité : deux femmes, dont une grosse de huit mois; quatre petits garçons, deux petites filles, deux bonnes ; dix personnes sans compter le cocher.

— « C'est la débâcle! » a dit le maître de poste, en déballant cette fourmilière.

Dieu te garde de semblables expéditions!

Berne, 25 messidor (14 juillet 1801).

Je suis à Berne depuis deux jours ; j'en partirai demain de bonne heure.

On va donner une nouvelle Constitution à la Suisse. Les élections se terminent en ce moment et, comme on a craint du bruit dans quelques cantons, on a modifié certaines garnisons. Je suis obligé de courir jusque dans les Grisons et de prolonger un peu mon séjour ici.

Aux bains de Schinznach (1), 29 messidor (18 juillet).

Au lieu d'aller courir dans les Grisons, j'y ai envoyé Robert (2). Pendant qu'il fera cette course, je prendrai les bains sulfureux de Schinznach.

L'eau douce ne me produit aucun effet.

2 thermidor (21 juillet).

Je m'ennuie ici à mourir. La maison des bains n'est remplie que de Suisses, fort épais et de figure à faire reculer. J'ai pour toute société un commissaire des guerres, qui est passablement bavard; au demeurant, bon diable.

Mes opérations dans les 2ᵉ, 3ᵉ, 4ᵉ et 5ᵉ divisions me demanderont moins de temps que celles de Suisse, où j'ai trouvé tous les corps en désordre; au lieu que ceux qui me restent à voir sont parfaitement au courant.

17 thermidor (5 août).

Les bains ont fait sur moi un très bon effet. Tu

(1) Sur l'Aar, près du château de Habsbourg, berceau des empereurs d'Allemagne, entre Aarau et Brugg.

(2) L'inspecteur aux revues qui lui était adjoint pour ses tournées.

seras contente de me voir débarrassé des suites de ma blessure.

Je serai le 21 à Strasbourg, dont la garnison me retiendra trois jours; le 26, à Nancy et, le 1er fructidor, à Metz. De là, je me rendrai dans la 2e division; je présume que mes opérations n'y seront pas bien longues. Si j'en vois la possibilité, je ferai une fugue de Mézières à Philippeville, pour embrasser notre petit Félix.

Strasbourg, 26 thermidor (14 août).

Arrivé avant-hier à Strasbourg, je loge chez Debilly, qui n'a pas voulu me laisser à l'auberge.

Je finirai demain toutes mes opérations et m'acheminerai vers Nancy. Je n'ai pas un mot de toi ; tu me réserves sans doute pour le retour toutes les choses que tu aurais à me dire.

Nancy, 2 fructidor (20 août).

Les régiments de carabiniers m'ont donné une besogne telle que je n'ai pu quitter Lunéville qu'hier. Je serai à Metz après-demain.

Ne t'impatiente pas, mon cœur; je vais le plus vite possible et tout le monde, excepté toi, trouve que j'expédie promptement. Partout on m'accable de caresses, d'honneurs, de fêtes. Les braves gens soumis à mon inspection revoient avec plaisir un général qu'ils ont connu à la guerre.

Mais je ne m'endors pas sur le gala ; j'ai refusé un grand souper et un bal, que les carabiniers avaient préparé pour moi. J'ai pris gîte chez Robert, qui n'est qu'à deux petites lieues d'ici. Mme Robert a invité vingt-cinq personnes au dîner qu'elle donne pour moi et que je ne puis refuser. Elle me charge de te dire son regret de ne pas te posséder aussi.

Metz, 7 fructidor (25 avril).

Je pars demain, à portes ouvrantes, pour Mézières. Je m'arrêterai à Mouzon, pour céder aux vœux de mes compatriotes. Je n'irai ni à Luxembourg, ni à Thionville, ni à Sarrelouis, ni à Sarreguemines, tant il me tarde d'être revenu à Créteil !

Philippeville, 14 fructidor (1er septembre).

Gronde et gronde bien fort, bien souvent, bien longtemps, ma bonne Calixte, je n'arriverai pas plus tôt. Que veux-tu ? C'est une série de travaux, de courses et de plaisirs auxquels il faut se résoudre. Tous ces plaisirs ne valent pas celui que j'aurai à t'embrasser, au retour.

Je serai à Créteil le 22. Tu m'enverras, la veille,

Comtois, avec trois chevaux, à Lagny. Il sait le chemin, puisque c'est là qu'il m'a déposé quand je suis parti. Pour que le voyage soit moins dispendieux, il prendra du foin ficelé et de l'avoine pour deux jours.

Je suis arrivé à onze heures du matin à Philippeville; j'ai surpris la famille, que je n'avais pas prévenue. Félix est un enfant charmant, adorable, que j'aurais mangé de caresses si je n'avais eu peur de le faire crier. Oh! mon bel ange, que je te sais gré de m'avoir donné une si belle progéniture! Continue; il n'y en aura jamais assez!

On ne peut être reçu avec plus de cordialité et de déférence que je l'ai été à Mouzon. Mes compatriotes m'ont porté sur la liste départementale, avec plus de quinze cents voix; je serai inscrit sur la liste nationale (1).

L'inspecteur en chef aux revues, président du Comité, au général de division Hardÿ, inspecteur en chef.

Paris, 3 vendémiaire an X (23 septembre 1801).

Le Comité, mon cher général, a reçu et lu avec

(1) C'est-à-dire éligible au Sénat et au Corps législatif.

autant de plaisir que d'intérêt votre excellent rapport au ministre de la guerre sur la situation des corps que vous avez inspectés pendant votre tournée, ainsi que vos observations sur l'administration intérieure des conseils d'administration.

Le Comité ne doute point que le ministre n'apprécie votre travail, et il saisit l'instant où il va lui rendre compte des revues du trimestre de nivôse, pour lui soumettre les observations importantes qu'il contient. Il en usera de même à l'égard de celles qu'il a reçues de nos collègues, de manière que le Comité puisse lui présenter un travail complet sur les inspections, l'avantage dont elles jouissent et celui que l'on en peut retirer, si le gouvernement continue à nous laisser cette branche importante de l'administration militaire.

Salut et amitié

VILLEMANGY.

Le ministre de la guerre au général Hardÿ,
inspecteur en chef aux revues.

16 vendémiaire (8 octobre).

Je viens de lire, citoyen général, le rapport que vous m'avez adressé sur votre tournée dans les

2ᵉ, 3ᵉ, 4ᵉ, 5ᵉ et 6ᵉ divisions militaires et en Helvétie, pour la revue des troupes qui y sont stationnées. J'ai vu avec plaisir que si quelques corps laissaient encore à désirer pour l'ordre et la régularité de leur administration, la majeure partie remplissait, avec exactitude et succès, les fonctions qui lui sont confiées.

Les instructions que vous leur avez laissées pour guider leur marche, en dirigeant vers un but régulier leurs efforts et leur zèle, ne peuvent que contribuer à rendre à cette partie du service la clarté et la précision qu'elle exige.

Je vous remercie des observations qui terminent votre rapport. Celles qui traitent des masses sont trop importantes pour que je ne m'empresse pas de remédier aux abus.

J'ai lu, avec la même attention, votre mémoire sur les demi-brigades helvétiques; j'en ai fait l'objet d'un rapport aux Consuls.

Je vous salue.

Alexandre BERTHIER.

Hardÿ à sa femme.

Paris, 4 vendémiaire an X (26 septembre 1801).

Je croyais te revoir ce soir, mais je dîne chez le

ministre de la guerre et, comme on dine fort tard
chez les ministres, je serai encore obligé de coucher ici.

A demain, chérie.

Berthier invitait Hardŷ à diner pour lui apprendre
que Bonaparte l'avait nommé président du Comité
central de l'inspection générale, en attendant mieux.
Ce mieux, c'était le ministère de l'administration de
la guerre, qui fut créé le 8 mars 1802 et que le premier Consul lui destinait.

Mais Hardy avait assez déjà des fonctions administratives. Sa blessure était fermée, sa sciatique vaincue; il était impatient de sortir le sabre du fourreau.

Oubliant le serment qu'il avait fait, au retour d'Irlande, qu'on ne le prendrait plus à courir les mers, il
accueillit avec transport l'offre que lui fit Leclerc, de
prendre part, comme général de division, à l'expédition de Saint-Domingue (1).

(1) En abolissant l'esclavage, la Révolution avait livré notre
belle colonie de Saint-Domingue à *l'anarchie noire.*

Un ancien esclave, d'une volonté de fer et d'une vaste intelligence, le nègre Toussaint-Louverture, y était devenu tout-
puissant. Il avait su persuader au Directoire que la France
n'avait pas de serviteur plus fidèle que lui et, en mars 1797, il
avait été nommé général en chef de la milice coloniale. Toussaint organisa « son armée » en divisions, brigades et bataillons,
choisit ses généraux, imposa à ses troupes la plus rigoureuse
discipline et les rendit assez redoutables pour obliger les Anglais, qui occupaient Port-au-Prince, à se rembarquer.

Le premier Consul partagea l'opinion du Directoire et con-

Il ne se doutait pas, en s'asseyant, à Plombières, à la table de Pauline Bonaparte, qu'il l'accompagnerait, l'année suivante, à Haïti et qu'il y mourrait sans avoir accompli ses hautes destinées.

firma Toussaint dans son emploi de général en chef. Le nègre justifia cette confiance en prenant possession de Santo-Domingo et de la partie espagnole, cédée à la France par le traité de Bâle (1795), et que nous n'avions pas encore occupée.

Il se crut alors « le Bonaparte de Saint-Domingue » et déclara que la colonie ne pouvait plus exister sans lui.

Le Bonaparte de Marengo, éclairé sur les projets d'indépendance de son émule, déchira la constitution qu'il lui proposait et envoya une flotte et une armée à Saint-Domingue, pour y rétablir l'autorité de la métropole.

XVIII

EXPÉDITION DE SAINT-DOMINGUE

Du 26 octobre 1801 au 27 mai 1802.

A bord de *la Révolution*, en rade de Brest,
4 brumaire (26 octobre).

Me voilà en rade, attendant, comme toute l'escadre, que le vent favorable nous pousse en pleine mer. Jusqu'à ce moment, il a été contraire, mais il peut tourner au Nord. Nous sommes parés à tout événement.

Un arrêté des Consuls nous permet de laisser à nos familles le quart de notre traitement. Je remets à l'inspecteur aux revues Le Doyen une délégation pour que tu touches 1,125 francs par trimestre.

J'espère, au retour de Saint-Domingue, avoir acquis, par des voies licites et honnêtes, de quoi assurer ton bien-être, élever nos enfants, et nous mettre à l'abri du cap ricedes hommes puissants!

6 brumaire (**28** octobre).

J'apprends avec plaisir que la saignée t'a soulagée et que notre cher petit Victor va de mieux en mieux. Dieu veuille que tu fasses heureusement tes couches et que tu me donnes, cette fois, une petite fille te ressemblant.

Tu me parles du chagrin que te cause notre séparation. J'y prends plus de part que personne et je chercherai tous les moyens de l'adoucir.

Crois-tu qu'il ne m'en coûte pas autant qu'à toi ?

Je ne sais si mon sacrifice sera apprécié de ceux qui ont charge de m'en récompenser ; mais je ferai mon devoir, je travaillerai à l'amélioration de notre sort et, au retour, nous serons dédommagés.

Ta sœur Agathe ne sera pas oubliée. C'est pour vous, mes bonnes amies, pour mes enfants, que je vais encore tenter la fortune ; elle se décidera peut-être à me sourire !

Nous attendons le vent favorable pour appareiller ; il change à tout instant et nous contrarie beaucoup. Nous espérons que la lune, en son nouveau quartier, le fixera et nous portera heureusement et promptement à destination.

J'ai reçu une lettre de Sénarmont, qui approuve fort la résolution que j'ai prise. Il voit la chose sous son véritable aspect, parce que lui raisonne le métier.

Bonsoir, ma bien-aimée Calixte; tranquillise-toi sur ma santé et sur mon sort.

Je t'envoie mille baisers bien tendres en te priant de les partager avec Victor et Agathe. Je vous aime bien et vous aimerai jusqu'à mon dernier soupir.

Le 7, à sept heures du matin.

Le vent devient bon; l'amiral fait le signal; il est possible que nous partions aujourd'hui.

Encore un baiser!

Ce n'était pas le dernier adieu. Le départ fut retardé; Bonaparte avait persuadé à sa sœur Pauline d'accompagner son mari à Saint-Domingue, et Leclerc alla chercher sa femme à Paris; Hardÿ l'accompagna. Calixte aurait voulu partir comme Mme Leclerc; mais elle avait de nouvelles espérances de maternité et, surtout, elle ne voulait pas quitter Victor et Félix. Les emmener, c'était impossible; elle redoutait pour eux la traversée, la guerre, le climat, la fièvre jaune! Hélas! peut-être avait-elle le pressentiment qu'elle ne verrait plus son « bien-aimé général ».

Cette séparation fut plus cruelle que les autres et c'est dans les larmes que s'acheva leur roman d'amour conjugal, après quatre années d'un bonheur sans nuage.

Rennes, 26 brumaire (17 novembre).

Leclerc n'ayant cheminé qu'à petites journées, à cause de sa femme qui ne supporte pas la voiture, notre voyage s'est fait très lentement. Je suis arrivé à Rennes hier à deux heures. Bernadotte a donné un grand dîner, suivi d'un petit bal, pour faire ses adieux à Mme Leclerc, cousine de sa femme. Le ménage me précède ; il vient de partir, il y a une heure ; de sorte que je ne pourrai continuer ma route que ce soir, faute de chevaux. Pour peu que ce train-là continue, je ne serai pas à Brest avant trois jours. Si je l'avais prévu, je serais resté plus longtemps près de toi. Je pourrai recevoir ta réponse, car nous ne sommes pas encore prêts. Je t'écrirai jusqu'au moment de mettre à la voile.

A bord de la Révolution, en rade de Brest,
8 frimaire (29 novembre).

Nous nous attendions à quitter la rade ce matin. Le vent est bon ; mais l'amiral Villaret-Joyeuse ne le trouve pas assez fixé. Il est possible que nous soyons encore ici dans trois ou quatre jours. J'ai dîné, hier, à bord du vaisseau-amiral, où se trouvent le général en chef et sa femme. Elle se plaint déjà de migraines, de maux de cœur. Elle parle de Paris avec un intérêt qui fait croire qu'elle le regrette beaucoup. Elle a cependant un très joli appartement sur le vaisseau *l'Océan ;* mais cela ne vaut pas son boudoir de la rue de Courcelles. Et puis (entre nous soit dit), je crois que la petite *madame* s'écoute beaucoup et prend quelque plaisir à se plaindre.

Elle et son mari me font toujours mille amitiés ; Leclerc m'a dit et promis les choses les plus flatteuses. Je tâcherai de conserver leurs bonnes grâces.

16 frimaire (7 décembre).

Le temps est affreux, le vent contraire ; impossible de sortir !

Toussaint-Louverture n'a pas pu faire accepter sa constitution. Pendant qu'il l'envoyait en France pour la faire sanctionner par le gouvernement, il cherchait à renforcer son armée insurrectionnelle en achetant des nègres à la Jamaïque (1).

Les Anglais n'ont pas permis qu'on lui en vendit un seul. Déconcerté, il a présenté de nouveau

(1) Colonie anglaise.

sa constitution, qui a été, une seconde fois, refusée par les Consuls.

Les colons ont appris avec une joie indicible les préliminaires de la paix entre la France et l'Angleterre. Les nègres désertent les drapeaux de Toussaint pour redemander du travail à leurs anciens maîtres.

Tout fait espérer que nous serons bien accueillis.

22 frimaire (13 décembre).

Enfin, le signal d'appareiller est donné. Quatre vaisseaux, plusieurs frégates et corvettes (1) sont

(1) Trois escadres avaient été réunies à Brest, à Rochefort et à Lorient, pour transporter l'armée de Leclerc à Saint-Domingue. Celle de Brest, la plus importante, sous le commandement direct du commandant de la flotte, le vice-amiral Villaret-Joyeuse, était renforcée par l'escadre espagnole du contre-amiral Gravina (cinq vaisseaux : *Neptuno*, de 80 canons; *Guerrero*, *San Pablo*, *Francisco de Paulo*, *Francisco de Assise*, de 74 canons; six frégates : la *Soledad*, la *Sirène*, de 36 canons; la *Furieuse*, de 44 canons; la *Fraternité*, la *Précieuse*, la *Fidèle*, de 36 canons; trois corvettes : *la Cigogne*, *la Découverte*, *la Vigilante*; un cutter, *le Poisson-Volant*; deux transports : *la Nécessité* et *la Danaé*). Elle comprenait un vaisseau de 120 canons, *l'Océan*, et neuf de 74, *le Mont-Blanc*, *le Gaulois*, *le Patriote*, *le Cisalpin*, *le J.-J.-Rousseau*, *le Wattignies*, *le Révolutionnaire*, *le Duquesne*, *le Jemmapes*. Sur ces navires, français ou espagnols, 7,000 hommes étaient embarqués.

L'escadre de Rochefort, sous le pavillon du contre-amiral Latouche-Tréville, comprenait un vaisseau de 80 canons, *le* partis. Demain, à la pointe du jour, nous les suivrons.

J'ai vu Leclerc ce matin. Il n'a pas encore organisé son armée ; mais il m'a dit que, comme il comptait sur moi plus que sur tout autre, il voulait m'avoir près de lui.

Je commanderai la partie nord de Saint-Domingue ; Boudet, la partie ouest ; Rochambeau, la partie espagnole.

ARMÉE DE
SAINT-DOMINGUE

—

Le général de division Hardÿ,
commandant au Cap Français, à sa femme.

19 pluviôse an X (8 février 1802).

Nous avons fait une traversée fort pénible jusqu'à cent cinquante lieues de Brest. De là à Saint-

Foudroyant; cinq de 74 : *l'Union, l'Argonaute, l'Aigle, le Duguay-Trouin, le Héros;* six frégates : *la Franchise, la Clorinde, l'Uranie, la Poursuivante,* de 44 canons; *la Vertu, l'Embuscade,* de 36; deux corvettes de 26 canons : *la Baïonnaise, la Diligente;* deux avisos : *le Renard, l'Aigle;* 3,000 hommes de débarquement.

La division de Lorient (un vaisseau de 74, *le Scipion;* une frégate de 44, *la Cornélie;* une corvette de 18, *la Mignonne;* une flûte, *la Serpente*) transportait 1,200 hommes.

Domingue, nous avons eu le plus beau temps et la plus agréable navigation du monde (1).

(1) La flotte de Brest avait appareillé le 14 décembre. Elle devait rallier sous Belle-Isle l'escadre de Rochefort et la division de Lorient. Après les avoir attendues quatre jours, elle avait été assaillie par des vents contraires et n'avait doublé le cap Finistère que deux semaines après son départ. Ce retard de Villaret-Joyeuse eut, pour l'expédition de Saint-Domingue, des résultats aussi fâcheux que celui de Bompard pendant l'expédition d'Irlande. Latouche-Tréville, en ne rencontrant pas la flotte de Brest, avait fait route vers le cap Samana, point de rendez-vous désigné sur la côte d'Haïti. Il y arriva dix jours avant son chef et croisa, sans débarquer ses troupes, à la vue des nègres, qui prévinrent Toussaint.

Déjà les Anglais lui avaient annoncé que de grands armements se faisaient en France pour combattre sa dictature et réintroduire l'esclavage dans la colonie. Il n'y avait pas cru.

— « Nous voulons rester libres et Français. Pourquoi nous ferait-on la guerre? »

Cependant, il s'installa, avec les 1,800 soldats d'élite de sa garde, au cap Sumana et il attendit.

Le 1er février, il vit arriver la flotte de Brest que la division de Lorient avait ralliée. Cinquante navires de guerre, dont dix-sept sous pavillon espagnol, évoluaient sur trois lignes et se dirigeaient vers l'ouest le 3 février. C'était la route du Cap-Français, capitale de l'île. Toussaint ne pouvait plus se méprendre sur les intentions du premier Consul.

— « Il faut périr, dit-il à ses officiers, en leur montrant ce grand déploiement de forces navales. La France entière vient se jeter sur Saint-Domingue. On l'a trompée; elle veut se venger et faire de nous des esclaves; aux armes! »

Il manda à ses généraux, Christophe, au Cap; Maurepas, à Port-de-Paix; Dessalines, à Fort-Dauphin; Laplume, à Port-au-Prince; Paul Louverture (son frère), à Santo-Domingo, de

Je n'ai pas eu le mal de mer, mais j'ai souffert de ma blessure, qui voulait se rouvrir. Un coup de bistouri a fait sortir deux esquilles. Six jours après, je me portais aussi bien qu'à mon départ de Paris.

Nous sommes arrivés devant le Cap le 15 pluviôse (1).

Je me suis approché des forts qui défendent l'entrée du port. Je croyais qu'on allait me faire le signal d'entrer et que l'armée me suivrait; mais il en a été tout autrement.

réunir leurs bataillons, de brûler les villes et les habitations qu'ils ne pourraient défendre, et de le rejoindre dans les mornes, qui formaient une citadelle naturelle au centre de la partie nord d'Haïti, entre Plaisance, Dondon et Ennery.

(1) Leclerc avait perdu, devant Samana, trois jours à organiser définitivement le commandement et à donner ses ordres pour les opérations. Sur ses six généraux de division, Dugua était chef d'état-major, Debelle dirigeait l'artillerie et le génie; HardŸ, Desfourneaux, Boudet, Rochambeau commandaient les divisions actives. Les ports principaux devaient être attaqués en même temps : le Cap, par HardŸ et Desfourneaux; Fort-Dauphin, par Rochambeau; Port-au-Prince, par Boudet, dont la division serait transportée par l'escadre de Latouche-Tréville; Santo-Domingo, par le général de brigade Kerverseau, et les troupes de Lorient. Le débarquement eut lieu le 5 février, à l'ouest du Cap, pour les divisions HardŸ et Desfourneaux, après que Christophe eut refusé l'entrée de la baie du Cap à l'amiral et qu'il eut déclaré au parlementaire qu'il ne connaissait d'autre chef que Toussaint-Louverture et que c'était à lui qu'il fallait s'adresser.

Le lendemain, je passai à bord de la frégate *l'Uranie*, ayant l'ordre de chercher un point de débarquement assez éloigné de la ville.

Leclerc vint à mon bord avec le général Desfourneaux. Toutes les frégates de l'armée se rallièrent à *l'Uranie*.

Après avoir longtemps louvoyé, nous descendîmes dans l'Anse à Margot.

Je commandais l'avant-garde; le débarquement s'est bien fait.

Trois de nos chaloupes ont échoué sur des bancs de sable, près du rivage. Les soldats sont entrés dans l'eau jusqu'aux aisselles et les nègres effrayés ont pris la fuite vers la montagne. Nous les avons poursuivis et battus.

J'ai pris six canons.

Voilà le bulletin de ma première opération.

Le lendemain, à cinq heures du matin, je me suis mis en marche à travers les mornes pour me rendre au Cap.

J'avais neuf grandes lieues à faire, avec des soldats qui n'avaient rien à boire ni à manger. Je me suis mis à pied à leur tête; j'ai causé avec eux pendant toute la route, les encourageant à bien faire et les maintenant dans le plus grand ordre. Il le fallait, parce qu'à chaque pas nous étions entourés par des nègres armés, qui nous eussent fait le plus grand mal si on les avait provoqués.

Je parlai à ces malheureux, je les engageai à retourner chez eux, à y travailler paisiblement.

Je parvins à me débarrasser, sans brûler une amorce, de trois mille *Philistins*, qui auraient pu m'égorger, avec mes troupes, dans la montagne, sans que j'aie eu le temps ni le moyen d'en sortir.

La plaine commence à deux lieues du Cap. J'y entrai à la nuit et, de suite, je fus attaqué par quelques centaines de nègres, de mulâtres et de blancs mêlés ensemble, commandés par Toussaint-Louverture en personne.

Une demi-heure m'a suffi pour les culbuter et les mettre en fuite.

Je continuai ma marche à la lueur des incendies ; les habitations de la plaine et la ville du Cap flambaient. Vision horrible ! Je frémis encore en l'évoquant.

Enfin, j'arrivai dans cette cité malheureuse à travers les cris, les hurlements, le feu et la fumée. La ville brûlait depuis trois jours ; il ne reste pas une maison intacte.

A peine avons-nous trouvé, Leclerc et moi, un coin pour nous abriter. Nous y resterons cependant et, par la douceur, l'humanité, la persuasion, nous réussirons à **sécher** les larmes, à consoler les infortunées victimes du désastre.

Toussaint et son lieutenant Christophe se sont réfugiés dans les mornes. Déjà on nous dit qu'ils sont divisés. Nous sommes tentés de le croire en voyant la multitude des nègres qui les abandonnent et le peu de dispositions qu'ils prennent pour nous arrêter.

Hier, les deux fils (1) de Toussaint lui ont été envoyés. Ces jeunes gens pleurent et déplorent les cruautés de leur père. La loyauté et la grandeur d'âme du gouvernement français nous feront probablement des prosélytes et abrégeront nos travaux.

Je me suis avancé hier, avec quelques bataillons, dans la plaine, pour reconnaître le **dégât**; il n'est pas grand. Ces misérables n'ont brûlé que très peu d'habitations. Leur fuite a été si précipitée qu'ils n'ont détruit que des huttes et des cases.

Il n'en coûtera pas six francs pour reconstruire chacune d'elles.

(1) Ils étaient élevés en France, à l'Institut colonial. Le premier Consul avait eu la généreuse pensée de les envoyer à leur père, avec le directeur de cet Institut, porteur d'une lettre qu'il écrivait à Toussaint. La lettre lui fut remise trop tard pour empêcher sa rébellion.

Voilà où en sont nos affaires ; elles deviendront plus brillantes par la suite ; mais il y a encore beaucoup à faire.

Cette lettre devant être mise dans le paquet du général en chef, je me hâte de la terminer.

Remets les tiennes au général Olivier ou au général Pille, mes anciens collègues du comité, que j'embrasse. Ils me les feront parvenir avec les paquets envoyés par le premier Consul au général en chef. C'est le moyen le plus sûr et le plus expéditif.

Au Cap-Français, 26 pluviôse
(15 février 1802).

Un aviso m'a apporté tes lettres des 20, 24 et 29 frimaire. Celle du 29 était numérotée 1. J'ai profité du retour de ce bâtiment pour t'écrire. C'est ma deuxième lettre.

La corvette *la Diligente* part demain avec celle-ci, qui est la troisième.

La chaleur est très supportable ; il est vrai que nous sommes encore dans ce qu'on appelle l'hivernage ; c'est juin en France. Avec des ménagements, on peut se porter à Saint-Domingue aussi bien qu'en Europe.

Nous entrons demain en campagne (1); j'ai de la besogne par-dessus les yeux.

Les moyens nous manquent, surtout les transports pour les subsistances; nous sommes dans un grand embarras.

J'ai passé la revue des troupes; elles sont fort belles et dans les plus heureuses dispositions. Tout nous fait espérer que la campagne ne durera pas plus d'un mois; ce mois suffira pour détruire le principal noyau de l'armée de Toussaint.

Il ne restera ensuite que quelques cantons à pacifier; ce qui ne sera pas difficile.

La partie espagnole de l'île (2), dont Toussaint

(1) Les 10,500 Français arrivés avec Leclerc avaient été renforcés par 3,800 soldats, amenés de Toulon (contre-amiral Gantheaume; quatre vaisseaux, une frégate, une corvette, une flûte) et de Cadix (contre-amiral Linois; trois vaisseaux, trois frégates). Le capitaine-général, maître de villes de la côte, voulut en finir avec l'armée de Toussaint, retranchée dans les mornes. Il prépara une attaque concentrique, en faisant marcher vers Ennery, du nord au sud, les divisions Hardÿ, Desfourneaux et Rochambeau, pendant que Boudet, venu de Port-au-Prince, marcherait du sud au nord. Le mouvement enveloppant était complété, au nord-est, par Debelle et la brigade Humbert, détachée de la division Desfourneaux.

(2) Kerverseau était entré à Santo-Domingo sans tirer un coup de fusil. Paul Louverture, odieux aux riches colons espagnols, avait dû se replier vers la grande rivière et rejoindre son frère Toussaint. Les Français se maintiendront à Santo-Domingo jusqu'au 15 juillet 1809.

s'était emparé, vient de se soumettre. Les habitants seront armés pour repousser les tentatives de Toussaint.

Voilà qui est d'un heureux augure et contrarie les projets du chef des rebelles.

Boudet s'est emparé de Port-au-Prince. Cette belle ville n'a pas été, comme le Cap, en proie aux horreurs de l'incendie (1).

Hardÿ à sa femme.

Au camp de la Crête-à-Pierrot, 3 germinal (24 mars).

Depuis cinq semaines que nous sommes en campagne, je n'ai pas eu une minute à moi. C'est la fin. Nous tenons bloqué un fort, qui se rendra demain ou après, et nous rentrerons dans nos cantonnements.

Je me porte très bien, malgré des chaleurs et des fatigues excessives. J'attends impatiemment de tes nouvelles et désire que tes couches aient été heureuses.

Un clou mal placé a empêché Maurice de faire campagne ; il garde ma maison au Cap.

(1) Dans le sud de la région française, le général nègre Laplume, en haine de Toussaint, s'était soumis, à la première injonction. Le Capitaine-général l'avait maintenu dans son commandement.

ARMÉE DE SAINT-DOMINGUE
RAPPORT A BERTHIER, MINISTRE DE LA GUERRE

Au quartier général de Port-Républicain (1),
le 5 germinal an X.

L'armée a quitté le Cap, le 29 pluviôse, en trois colonnes, pour marcher du nord au sud.

La colonne de droite, division Desfourneaux, a suivi la route des Gonayves, par l'Acul et Plaisance. La colonne du centre, division Hardÿ, a traversé la plaine du nord, pour se porter sur la Tannerie et le Dondon.

La colonne de gauche, division Rochambeau, a franchi la grande-rivière, en longeant la ligne de démarcation de la partie espagnole pour se porter vers Saint-Raphaël.

Le Capitaine-général marchait avec la division Hardÿ, à laquelle il avait joint sa garde à pied et à cheval (2).

Afin d'envelopper les rebelles, dont la ligne de défense s'étendait depuis le Mirebalais, au sud-est, jusqu'à Port-de-Paix, au nord-est, en passant

(1) Port-au-Prince.
(2) Formée par prélèvement de quatre soldats par compagnie ou par escadron.

par Saint-Raphaël, Dandon, Plaisance et le Gros-
Morne, le général Debelle, débarqué à Port-de-
Paix, marchait par le Gros-Morne, et la division
Boudet, venant de Port-Républicain, vers le
Mirebalais, pour descendre ensuite, jusqu'aux
Vérettes, l'étroite vallée de l'Artibonite.

Le 30, Desfourneaux est entré à Plaisance sans
coup férir. Le nègre Dumesnil, qui y commandait,
s'est rendu avec un bataillon et deux cents cavaliers.

Christophe a fait, en revanche, une sérieuse
résistance. Il avait pris position, avec deux mille
soldats coloniaux, sur le Morne-à-Boispin.

Le général Hardŷ a mis l'épée à la main pour
conduire ses troupes à l'assaut. Le morne enlevé,
Christophe a rallié son monde dans le ravin de la
Marmelade, au bord de la rivière des Gonayves.
Hardŷ a traversé le ravin au pas de charge et dis-
persé les rebelles.

Rochambeau s'est emparé plus facilement de
Saint-Miguel, aux sources de la rivière Banyaha.

Le lendemain, la division Hardŷ a marché sur
le canton d'Ennery, que Toussaint-Louverture
défendait avec ses gardes et l'élite de son armée.
Dans une série de combats acharnés, elle a
refoulé les noirs jusqu'à l'habitation Bayonnai.

Hardy les y a poursuivis avec la brigade Salm ; il a marché toute la nuit et, au point du jour, a culbuté, à la baïonnette, ce qui se trouvait devant lui. Il a fait, dans l'habitation Bayonnai, qui était le grand dépôt de Toussaint, un butin considérable.

Hardÿ a rallié sa division sur la rive droite de l'Ester, au delà d'Ennery, pendant qu'à sa droite, Desfourneaux, après avoir chassé les noirs du morne de la Coupe-à-Pintade, les poursuivait jusqu'à la mer. Le bourg des Gonayves était incendié.

A gauche de la division Hardÿ, le général Rochambeau rencontrait une résistance désespérée à la *Ravine-aux-Couleuvres*. Toussaint-Louverture s'était retranché dans cette gorge étroite, flanquée d'escarpements boisés. Il lui restait trois mille soldats et un grand nombre de volontaires qui, bons tireurs pour la plupart, bien embusqués dans la broussaille, firent subir de grandes pertes à nos têtes de colonne. Mais rien ne pouvait résister à l'élan de nos vieilles troupes, qui luttaient corps à corps avec les grenadiers noirs et les gardes du dictateur. Il a laissé huit cents morts sur le terrain et s'est refugié, avec très peu de monde, au bourg Petite-Rivière, sur l'Artibonite.

Le Capitaine-général était, le 6 ventôse, au bivouac du général Hardÿ, quand il apprit que les généraux Debelle et Humbert n'avaient pas réussi à déloger le nègre Maurepas de sa position du Gros-Morne. Il résolut de la tourner.

Il marcha, le lendemain, contre Maurepas avec le général Hardÿ, une compagnie de sa garde, cinq compagnies de grenadiers et une demi-brigade. Maurepas, vigoureusement attaqué et se voyant tourné, a fait sa soumission.

Au sud, à l'extrême gauche, le général Boudet a eu grand'peine à triompher de Dessalines. Pendant qu'il marchait vers Saint-Marc, pour rejoindre le Capitaine-général aux Gonayves, Dessalines, se dérobant par les mornes, est allé attaquer Port-Républicain, où le général Pamphyle-Lacroix, blessé, était resté avec moins de six cents hommes. Le contre-amiral Latouche-Tréville, qui n'avait pas quitté la rade, vit le danger et descendit à terre avec un millier de matelots.

Quand Boudet accourut à marches forcées pour secourir Lacroix, Dessalines, son coup manqué, avait déjà battu en retraite. Boudet put remonter au nord et rejoindre Leclerc devant la redoute de la Crête-à-Pierrot, construite par les Anglais sur la rive droite de l'Artibonite, au-dessus du bourg de la Petite-Rivière. C'était là que Toussaint-Louverture avait rallié tout ce qui voulait encore combattre pour sa cause.

Le 20 ventôse, le Capitaine-général, réunissant les troupes de Debelle et de Boudet, voulut donner l'assaut à la redoute. Mais le fossé avait douze pieds de large et quinze de profondeur ; il était palissadé. Le feu d'artillerie et de mousqueterie des noirs mit quatre cents hommes hors de combat. Boudet eut le talon traversé par un biscaïen, Dugua reçut deux balles ; Leclerc eut son écharpe trouée ; quatre de ses aides de camp tombèrent à ses côtés. Il fallut se retirer et attendre, pour recommencer l'attaque, qu'on eût de l'artillerie et des renforts.

Le morne de la Crête-à-Pierrot a été complètement investi, le 30 ventôse, par les divisions Hardy, Rochambeau, Boudet et Debelle. Une ligne de contrevallation a été construite et l'artillerie, dirigée par le chef de brigade Pambour, a commencé le feu, non seulement contre le fort, mais contre une petite redoute que les nègres avaient élevée au sommet de la crête. On se préparait à donner l'assaut, dans la nuit du 3 au 4 germinal, quand les nègres, se jetant à travers les douze mille Français qui les entouraient, avec l'énergie du désespoir, réussirent à se faire jour, en ne perdant qu'un tiers de leur effectif.

La division Hardÿ est rentrée au Cap par Ennery, la Marmelade et Dandon, harcelée, jusqu'à la Grande-Rivière, par Toussaint-Louverture et Christophe, qui tiennent encore la campagne.

La division Desfourneaux est en position à Plaisance, avec la brigade noire de Maurepas, qui n'a cessé, depuis sa soumission, de donner des gages de fidélité.

Le Capitaine-général est retourné à Port-Républicain, avec la division Boudet et l'état-major.

La division Rochambeau occupe Saint-Marc et se relie, par les Gonayves, avec Desfourneaux.

Paul Louverture et Clerveaux ont mis bas les armes.

Dans le sud, Laplume a fait preuve d'humanité, de sagesse et d'attachement à la République ; il est maintenu dans son grade de général de brigade.

La faim, la soif, les privations, les marches forcées n'ont pu ralentir l'ardeur de nos soldats.

La France peut être fière de son armée de Saint-Domingue.

Salut et amitié.

DUGUA,

Général de division, chef d'état-major.

*Le général de division Hardÿ, commandant en chef
les divisions du Nord* (1), *à sa femme.*

Au camp, le 13 germinal (**2 avril**).

Notre première campagne dans la colonie est
terminée. Elle nous a donné un mal horrible,
beaucoup de fatigues et de privations, que j'ai
fort bien supportées. Je suis revenu avant-hier,
avec les deux divisions que je commande (la
mienne et celle de Desfourneaux), dans la plaine
du Nord, et me voilà rentré au Cap.

J'ai une besogne infernale, surtout avec ces
coquins d'administrateurs qui, pendant notre
absence, ont mis le vol et le gaspillage à l'ordre
du jour. Je me charge de leur rogner les ongles.

Je viens de destituer un commissaire ordonnateur, qui méritait que je le fisse passer par la
fenêtre. Nous recommencerons le branle quand

(1) *Ordre du jour du* 11 *germinal.* — « Le général Hardÿ
prend le commandement des divisions du nord; son quartier
général est établi au Cap. Le général Salm le remplace dans le
commandement de la division de droite. Le général Clauzel
prendra, par intérim, le commandement de la division de
gauche pendant la maladie du général Desfourneaux.

« *Le Capitaine-général,*

« LECLERC. »

le gouvernement nous aura envoyé les forces nécessaires. En ce moment, nous sommes loin de compte.

P.-S. — Mes aides de camp te présentent leurs hommages ; ils ont été aussi heureux que moi ; pas un n'est blessé.

18 germinal (8 avril).

Un de mes compagnons d'infortune en Irlande part demain pour la France. J'en profite pour te donner de mes nouvelles. Je vais bien, mais la moitié de ma maison est une infirmerie. Cela ira mieux dans trois ou quatre jours ; rien de dangereux, d'ailleurs.

Hardÿ devient l'agent le plus actif de la pacification.

« Tout en redoublant de surveillance, » écrit-il à Salm, qui, à Plaisance, a malmené le général noir Maurepas, placé sous ses ordres, « il faut user de beaucoup de ménagement et de dextérité. »

Il en donne si bien l'exemple, que son redoutable adversaire, Christophe, le plus brave, le plus intelligent des généraux de Toussaint, invoque son intervention pour rentrer en grâce auprès du Capitaine-général, et l'obtient.

On ne peut douter, en lisant la réponse du général Hardÿ, que Saint-Domingue aurait été conservée à la France, s'il avait vécu.

Au général Christophe.

30 germinal (20 avril).

Le capitaine Villon, commandant à la Petite-Anse, m'a communiqué, citoyen général, la lettre que vous lui avez adressée; j'en ai donné connaissance au général en chef.

Il est aisé de voir, par les détails dans lesquels vous entrez, que vous avez été la victime des insinuations perfides de gens qui ont constamment travaillé à l'anéantissement de la liberté. Pendant leur séjour en France, ils ont embrassé successivement tous les partis, suscité les troubles et les divisions. Après s'en être fait expulser, ils sont venus, dans la colonie, débiter des mensonges et des calomnies, afin de trouver dans de nouveaux troubles les moyens d'existence qui leur manquaient en Europe.

Leur astuce vous a inspiré de la méfiance contre le gouvernement français et contre ses délégués.

Mais notre conduite, depuis notre entrée à Saint-Domingue, a dû vous éclairer sur la loyauté de nos intentions.

Il y a douze ans que nous combattons pour la

liberté; pouvez-vous croire que nous voulions ternir notre gloire et détruire notre ouvrage?

Revenez, général, à des sentiments plus justes, et croyez que vos principes sont les nôtres.

La réputation dont vous jouissiez dans cette contrée ne devait pas faire présumer que nous trouverions en vous un adversaire du gouvernement. Cependant, général, ce gouvernement est prêt à oublier le passé.

Je vous parle avec la franchise d'un soldat qui ne connaît pas de détours. Revenez de vos erreurs; votre adhésion aux vrais principes de la Liberté peut réparer les maux qui désolent cette belle colonie. Il n'est pas digne de vous de soutenir la cause d'un Toussaint, usurpateur et rebelle. La mère-patrie vous tend les bras; elle est indulgente à ses enfants égarés. Jugez-en par nos procédés envers les généraux Clervaux, Paul Louverture et Maurepas, et leurs compagnons d'armes.

Si vous avez vraiment l'intention de reconnaître les lois de la République et d'obéir aux ordres de son gouvernement, venez, général, vous joindre à nous.

Hier, nous vous combattions comme un ennemi; demain, si vous le voulez, nous vous embrasserons comme un frère.

Je vous propose une entrevue à l'habitation Vaudreuil. Amenez vos troupes et, si nous ne nous entendons pas, je vous donne ma parole d'honneur que vous serez libre, après la conférence, de retourner à vos avant-postes.

Henry Christophe, général de brigade, commandant le cordon du Nord, au citoyen Hardy, général de division, commandant les divisions du Nord.

Au quartier général de la Grande-Rivière,
le 8 floréal (28 avril).

Citoyen général,

Votre lettre d'hier m'a été remise.

Je suis infiniment sensible au plaisir que vous m'annoncez avoir éprouvé, en apprenant le résultat de la conférence que j'ai eue avec le général en chef. La confiance que votre franchise m'a inspirée ne peut désormais que s'affermir et s'accroître, et j'ose croire que vous aurez la même confiance en moi.

Le général en chef a bien voulu m'accorder de servir sous votre commandement. Je m'en réjouis. Je vais m'occuper de suite d'exécuter vos ordres concernant l'état de situation des troupes, le rassemblement et l'envoi à la **Petite-Anse**, des bataillons coloniaux que vous me mandez d'y faire descendre. J'aurai le même soin de vous remettre les états de l'armement, de l'équipement, de l'artillerie et des munitions.

Je fournirai pareillement l'indication que vous désirez, des lieux où sont construits les ouvrages défensifs.

Je m'occupe de faire rentrer les cultivateurs dans les habitations. L'état numérique que vous me demandez sera une opération difficile, jusqu'à ce qu'ils aient repris leurs travaux habituels. Tous mes soins tendent à les y ramener et, dès que j'y serai parvenu, je ferai les relevés nécessaires pour la situation que vous désirez.

Quant à l'état nominatif des cultivateurs par habitation, j'observe qu'au temps de tranquillité, c'eût été une opération fort longue, par la nécessité de faire les relevés dans chaque habitation.

J'ai pareillement reçu, citoyen général, la lettre touchant le renvoi des personnes qui s'étaient réfugiées dans les mornes.

Dès ma sortie du Haut-du-Cap, j'ai donné les ordres nécessaires pour leur retour dans leurs foyers. Il ne dépend maintenant que de leur volonté de s'y rendre.

Je n'ai pas connaissance des deux officiers pris au Dondon. Le chef de brigade Noël n'était pas à cette affaire. C'est peut-être le chef de bataillon Noël jeune qui les a pris ; il était de la colonne que commandait Toussaint-Louverture. C'est auprès de Toussaint que doivent se trouver ces deux officiers.

Je viens de porter, moi-même, à ce général, la lettre que le général en chef m'avait remise pour lui. J'ai lieu d'espérer, de l'entretien que j'ai eu avec lui, le retour de la tranquillité dans toute la colonie. Il va répondre au général en chef, et lui adresser sa lettre par un de ses aides de camp.

J'éprouve comme vous, mon général, le désir sincère de vous voir et de vous embrasser.

J'en hâterai l'instant autant que me le permettront les opérations que vous me prescrivez et celles qu'exige le retour parfait de l'ordre dans ces quartiers.

Salut et considération.

Henry CHRISTOPHE.

Le général de division Hardÿ à sa femme.

Au Cap-Français, 16 floréal (6 mai).

Nous commençons à respirer et à nous reconnaître. Voilà la guerre finie ; les chefs des rebelles se séparent et se rendent à nous avec leurs troupes. J'ai été assez heureux pour donner le branle à tout cela, en amenant adroitement Christophe à Jubé.

Toussaint arrive demain (1). Il n'y a plus contre nous que Dessalines, qui est un monstre plus affreux que les autres. Nous ne pouvons pas compter que nous l'aurons facilement, mais il n'ira pas loin.

Nous voici plus tranquilles et j'en suis fort aise ; car c'est un terrible métier que la guerre dans ce pays. Jusqu'à présent, j'ai eu une besogne d'enfer ; je commande la moitié de l'île et Rochambeau l'autre moitié. C'est moi qui ai le plus de peine, parce que le Nord a toujours été plus remuant que le Midi.

Nous touchons à la saison des grandes chaleurs, je me prépare à les éviter autant que possible. Leclerc m'a permis de disposer d'un jardin qui est

(1) Il a proposé de se soumettre. Leclerc lui écrit, le 3 mai : « Le Capitaine-général accepte la soumission du général Toussaint-Louverture, et lui donne l'assurance que ses troupes seront traitées comme celles de l'armée française. »

Hardÿ écrit à Clauzel, le 7 mai :

« La garde de Toussaint arrivera demain à Plaisance. Passez-la en revue, et dites-moi ce que vous en pensez. »

dans les mornes, près du Cap, et qui a appartenu aux religieux.

Ce jardin me donne des fruits en abondance et les légumes pour ma table. On en vend même pour payer les nègres que nous employons. Il y a une superbe fontaine; Maurice y fait un jet d'eau et un ajoupas, sous lequel on sera au frais. On construit une case que je me propose d'habiter avant quinze jours.

Je ne connais au Cap âme qui vive; je n'ai encore mis le pied que dans la maison que j'occupe. On vante beaucoup, en Europe, les femmes de ce pays-ci. Eh bien! ma chère amie, je te donne ma parole la plus sacrée que je n'en ai pas encore rencontré une seule, blanche, mulâtresse, noire, griffe ou quarteronne, qui m'ait produit la plus légère impression.

On me demande pourquoi je ne t'ai pas amenée? Je m'en félicite tous les jours; c'eût été te rendre le plus mauvais service. Les quelques femmes d'officier qui ont suivi leurs maris voudraient bien être restées chez elles. Depuis deux mois, Mme Leclerc est à Port-au-Prince, où elle s'ennuie à la mort.

Au moment où nous terminions avec Toussaint, une frégate, arrivant de Lisbonne, nous a apporté la nouvelle de la signature de la paix avec l'Angleterre (1). Nous n'étions pas tranquilles à ce sujet, depuis le refus que les Anglais avaient fait à un de nos vaisseaux d'entrer à la Martinique (2).

Bernadotte m'écrit qu'il s'est présenté deux fois chez toi sans avoir pu te rencontrer. Je crois qu'il aura incessamment l'expédition de la Louisiane.

En attendant, tu peux t'adresser à lui en toute confiance.

Au quartier général du Cap, 27 floréal (17 mai).

Celui qui te remettra cette lettre, ma bien-aimée Calixte, est le citoyen Estève, chef de bataillon à la 11ᵉ demi-brigade légère. C'est un très brave homme qui s'est, plusieurs fois pendant la campagne, fait remarquer par sa conduite distinguée. A la dernière affaire, extrêmement chaude et difficile, il a reçu deux coups de feu ; je lui ai fait donner un sabre d'honneur. Je te prie de le recevoir comme il le mérite. Il te dira qu'il me laisse en bonne santé ; je désire qu'il trouve la famille bien portante.

Villemangy vient de m'écrire. C'est de lui que

_____

(1) La paix d'Amiens.
(2) Colonie anglaise.

j'apprends que tu es accouchée d'un garçon (1).

Adieu, ma bien-aimée, donne-moi souvent de tes nouvelles, dis-moi comment s'appelle le nouveau venu, qui en est le parrain.

Je te serre bien tendrement contre mon cœur, ainsi que nos trois chers enfants.

A toi pour la vie.

Jean HARDŸ.

Nous lisons en marge :

« Cette lettre est la dernière que j'ai reçue de mon bien-aimé mari. »

Le 27 mai (7 prairial), après avoir assuré, par ses victoires et sa bienveillance envers les vaincus, la pacification de la région nord de Saint-Domingue, Hardy en organisait l'administration civile et militaire, lorsqu'il fut enlevé, en quelques heures, par la fièvre jaune.

Armée de Saint-Domingue, divisions du Nord.
Ordre du jour du 8 prairial.

Le général HardŸ n'est plus! La mort vient de l'enlever à ses frères d'armes, à ses amis.

(1) Édouard, entré au prytanée, puis à Saint-Cyr, comme ses deux frères Victor et Félix; officier de cavalerie, garde du corps de Charles X, capitaine au 6ᵉ chasseurs, écrivain militaire distingué; mort sans postérité, à Blois, en 1872.

L'armée de Saint-Domingue, et spécialement les divisions du Nord, sentiront vivement cette perte. Tous les braves, à cette nouvelle, honoreront sa tombe du souvenir de ses exploits, en attendant que la France entière s'associe à leur regret. Sa mémoire glorieuse survivra dans le cœur de ceux qui l'ont connu!

Le chef d'état-major des divisions du nord,

ISAR.

* *
*

Dieu avait voulu épargner à Hardÿ les douleurs de la défaite. La fièvre jaune continua ses ravages; elle emporta les généraux Leclerc, Richepanse, Debelle, Tolozé, Dugua, Dampierre, Desplanque, l'inspecteur aux revues Le Doyen, l'adjudant général Larocheblin et plus de la moitié des vingt-deux mille Français qui avaient débarqué dans l'île maudite.

Toussaint fut conduit et interné en France; mais ses lieutenants, Dessalines, Christophe, Clervaux, Paul Louverture, jetèrent le masque de leur apparente soumission et soulevèrent les bataillons noirs, qu'on n'avait pas désarmés.

La lutte recommença, implacable. La rupture de la paix avec l'Angleterre donna aux rebelles de puissants alliés; les escadres britanniques bloquèrent la côte et ne laissèrent plus les renforts aborder à Saint-Domingue.

Rochambeau essaya de lutter quelque temps encore. Réduit à trois mille soldats épuisés par la fièvre, étroitement investi dans le Cap-Français, il dut se résoudre à accepter, le 28 novembre 1803, la capitulation que les Anglais lui offrirent.

Le général Ferrand réussit à gagner, avec six cents soldats dévoués, la partie espagnole de l'île. Il s'enferma dans Santo-Domingo et résista aux attaques de Dessalines. L'empereur noir, après un siège de vingt jours, fut mis en déroute par le contre-amiral Missiessy (mars 1805).

Un soulèvement des Espagnols coûta la vie à Ferrand en novembre 1808; mais douze cents braves maintinrent encore huit mois le drapeau français à Santo-Domingo. Le général Barquier ne rendit la place aux Anglais, le 15 juillet 1809, qu'après avoir épuisé ses vivres et ses munitions.

La colonie française de Saint-Domingue est devenue, en 1825, la République indépendante d'Haïti. Mais, pendant plus d'un demi-siècle, la citadelle du Cap-Français, où reposent les cendres du vainqueur de Toussaint-Louverture, s'est appelée le *fort Hardÿ*.

RÉPERTOIRE ALPHABÉTIQUE

DES NOMS CITÉS DANS CET OUVRAGE.

TABLE DES MATIÈRES

Pages.

PARIS

IMPRIMERIE PLON-NOURRIT ET Cie

Rue Garancière, 8